틀리기 쉬운
우리말 바로 쓰기

일러두기

1. 이 책에서는 틀리기 쉬운 낱말(또는 낱말에 준하는 말) 100개를 다루고 있다. 이 100개의 낱말은 우리가 가장 많이 쓰면서도 가장 많이 틀리는 기본 낱말들이다. 그 낱말들이 일상 속에서 어떻게 쓰이는지를 유머를 통해 밝혔다. 맞춤법 공부를 흥미롭게 시작할 수 있도록 배려한 것이다.

2. '바로 쓰기'에서는 틀리기 쉬운 낱말의 올바른 맞춤법을 보이고, 어떤 경우에 그 낱말을 쓰는지, 그 낱말을 왜 그렇게 적어야 하는지 설명했다. 딱딱하고 이론적인 설명을 하기보다 예를 들어 설명하거나 비슷한말과 반대말을 함께 제시해서 이해를 도왔다. 틀리지 않으려면 어떻게 해야 하는지 도움말도 제공하고 있다.

3. '더 알아보기'에서는 여러 예문을 통해 올바른 맞춤법을 익힐 수 있게 했다. 같은 낱말이라도 여러 가지로 변화된 모양을 함께 살필 수 있게 했다. 헷갈리기 쉬운 비슷한 낱말의 예도 더 찾아볼 수 있도록 했다.

틀리기 쉬운
우리말 바로 쓰기

정재윤 지음

여는 글

맞춤법 공부는 아주 좋은 사고력 훈련이다

얼마 전에 한 연구소에서 대학생 389명을 대상으로 한글 맞춤법을 얼마나 잘 알고 있는지 조사한 적이 있습니다. 그 결과, 남성은 86.7%가, 여성은 95%가 '맞춤법 틀리는 이성에게는 호감도가 떨어진다'고 답했답니다.

기업에서는 큰돈이 들어가는 사업을 새로 시작할 때, 반드시 사업 계획서를 씁니다. 나라에서는 새로운 정책을 결정할 때, 수많은 보고서를 작성합니다. 그런데 사업 계획서나 보고서에 맞춤법에 맞지 않은 단어들이 눈에 띈다면 어떨까요? 아이디어가 아무리 뛰어나고 계획이 아무리 훌륭하더라도 그 사업 계획서나 보고서는 신뢰받기 힘들 것입니다.

단순히 말하기와 글쓰기를 잘하기 위해서 맞춤법 공부를 하는 것은 아닙니다. 한글 맞춤법은 훌륭한 학자들이 서로 머리를 맞대고 연구에 연구를 거듭해서 만들어 놓은 것입니다. 이 말은 왜 이렇게 쓰는지, 왜 어떤 말들은 예외로 하는지, 그 속에는 여러 논리가 숨어 있으며 수많은 논의와 논쟁이 바탕에 깔려 있습니다. 그러므로 맞춤법 공부를 한다는 것은 이런 논리를 배우는 것이며, 그 과정에서 논리적 사고력을 기를 수 있는 아주 좋은 훈련이기도 합니다.

맞춤법 공부는 어릴 때 시작하는 것이 좋습니다. 이때의 맞춤법 공부는 말하기와 글쓰기의 기본을 갖춤과 동시에 맞춤법의 논리를 자연스레 익히는 것입니다. 맞춤법의 논리를 알고 있으면 더 복잡하고 어려운 말과 글을 대할 때도 해결책을 찾을 수 있습니다. 수학 공식을 알고 있으면 어떤 응용문제라도 쉽게 해결할 수 있는 것과 마찬가지입니다.

이 책이 여러분의 맞춤법 공부에 조금이라도 도움이 되기를 바랍니다.

2015년 12월 정재윤

차례

여는 글 맞춤법 공부는 아주 좋은 사고력 훈련이다 4

ㄱ

가르치다 ┆ 가리키다	10
갖은 ┆ 가진	12
-거든 ┆ -거던	14
게슴츠레한 ┆ 게슴치레한	16
곰곰이 ┆ 곰곰히	18
구시렁 ┆ 궁시렁	20
굳이 ┆ 구지	22
그러고 ┆ 그리고	24
그제야 ┆ 그제서야	26
금세 ┆ 금새	28
기다란 ┆ 길다란	30
기어이 ┆ 기여이	32
깊숙이 ┆ 깊숙히	34
까다로운 ┆ 까탈스런	36
까무러치다 ┆ 까무라치다	38
깨나 ┆ 꽤나	40
깨치다 ┆ 깨우치다	42
꼬락서니 ┆ 꼬라지	44

ㄴ

나는 ┆ 날으는	46
나더러 ┆ 날더러	48
나지막하다 ┆ 낮으막하다	50
낫다 ┆ 낮다	52
낳다 ┆ 낫다	54
내로라하다 ┆ 내노라하다	56
너머 ┆ 넘어	58
눈곱 ┆ 눈꼽	60
눈살 ┆ 눈쌀	62

ㄷ

다르다	틀리다	64
닦달	닥달	66
닫히다	다치다	68
담그다	담구다	70
대로	데로	72
-대요	-데요	74
-던	-든	76
덤터기	덤테기	78
돋우다	돋구다	80
뒤처지다	뒤쳐지다	82
되다	돼다	84
두껍다	두텁다	86
들르다	들리다	88
띄다	띠다	90

ㄹ

-ㄹ는지	-ㄹ런지	92
-로서	-로써	94

ㅁ

맞히다	맞추다	96
며칠	몇 일	98
몹쓸	못쓸	100

ㅂ

바라다	바래다	102
바치다	받치다	104
반드시	반듯이	106
벌이다	벌리다	108
별의별	벼라별	110
본뜨다	본따다	112
부서지다	부숴지다	114
북받치다	북바치다	116
비키다	비끼다	118
빈털터리	빈털털이	120
빌리다	빌다	122
빨간색	빨강색	124
뻗치다	뻐치다	126

ㅅ

삼가다	삼가하다	128
새우다	새다	130
설레다	설레이다	132
싹둑	싹뚝	134

ㅇ

아무튼	아뭏든	136
안	않	138
안쓰럽다	안스럽다	140
어떡해	어떻게	142
얼마큼	얼만큼	144
엊그제	엇그제	146
여태껏	여지껏	148
역할	역활	150
연거푸	연거퍼	152
예부터	옛부터	154
오랜만	오랫만	156
왠지	웬지	158
움큼	웅큼	160
웃어른	윗어른	162
으레	으례	164
으스스하다	으시시하다	166
-이에요	-이예요	168
잃어버리다	잊어버리다	170
있다가	이따가	172
일부러	일부로	174

ㅈ

자그맣다 ¦ 작으맣다	176
작다 ¦ 적다	178
잠그다 ¦ 잠구다	180
−장이 ¦ −쟁이	182
저리다 ¦ 절이다	184
제치다 ¦ 젖히다	186
졸이다 ¦ 조리다	188
짓궂은 ¦ 짖궂은	190
짖다 ¦ 짓다	192

ㅊ

채 ¦ 체	194
천생 ¦ 천상	196
철석같이 ¦ 철썩같이	198
치르다 ¦ 치루다	200

ㅌ

통틀어 ¦ 통털어	202

ㅎ

한참 ¦ 한창	204
핼쑥하다 ¦ 핼쓱하다	206
희한한 ¦ 희안한	208

| 가르치다 | 가리키다 |

모두가 똑똑한 반

어느 학교에 교육 참관단이 찾아와 수업을 참관했다. 그런데 학생들은 교사가 질문을 할 때마다 모두 손을 들었고, 지적한 학생들은 모두 정답을 말했다. 교사와 학생들이 서로 입을 맞춘 게 아닌가 싶어서 한 참관단 인사가 즉석에서 좀 어려운 질문을 던져 봤다. 그래도 모든 학생들이 손을 들었고 교사가 지적한 학생은 정확하게 답을 말했다.

"정말 대단합니다!"

크게 놀란 참관단은 입에 침이 마르도록 교사를 칭찬하고 돌아갔다. 교장이 교사를 불러 물었다.

"도대체 비결이 뭡니까? 어떻게 가르쳤길래(○)/가리켰길래 반 학생들 모두가 그렇게 똑똑합니까?"

"간단합니다. 학생들에게 무조건 손을 들라고 했지요."

"그러다 정답을 모르는 학생을 시키게 되면 어떡하려고요?"

"전혀 걱정 없습니다. 답을 아는 학생은 오른손을 들게 하고, 모르는 학생은 왼손을 들게 했으니까요. 저는 오른손을 든 학생만 시켰습니다."

바로 쓰기

'가르치다'는 '배우다'의 반대말이에요. 선생님은 가르치고 학생들은 배우지요. '가리키다'는 손가락 따위로 무언가를 집어서 말한다는 뜻이에요. 두 낱말이 헷갈리면 '가르침'이라는 낱말을 떠올려 보세요. 그러면 어떨 때, '가르치다'라는 낱말을 써야 할지 알 수 있을 거예요. '가르키다'라고 발음하는 사람도 많은데, 그것도 틀린 말이지요.

더 알아보기

- 선생님, 이것 좀 **가르쳐** 주세요.
- 작가는 독자에게 범인이 누구인지 정확히 **가르쳐** 주지 않았다.
- 그는 손가락으로 북쪽을 **가리켰다**.
- 나침반에서는 N극이 **가리키는** 쪽이 북쪽이에요.

| 갖은 | 가진 |

'다'로 끝나는 다섯 글자

수업 시간에 선생님이 질문을 했다.

선생님 : 다른 사람에게 선물을 받았을 때는, 뭐라고 해야 하지요?

그런데 아무도 대답이 없다. 오직 덩달이만 "저요, 저요!" 하고 손을 번쩍 든다. 하지만 선생님은 덩달이를 시키고 싶지 않다. 갖은(O)/가진 말썽을 다 부리는 덩달이가 이번에 또 무슨 이상한 말을 할지 몰라서이다. 그래서 선생님은 아이들에게 힌트를 준다.

선생님 : '다'로 끝나는 다섯 글잔데…….

아이들은 그래도 아무 대답이 없다. 덩달이만 여전히 "저요, 저요!" 하고 숫제 일어서서 소리를 지른다.

선생님 : 덩달이, 말해 봐.

덩달이 : 뭘, 이런 걸 다!

바로 쓰기

'갖은'은 '골고루 다 갖춘. 또는 여러 가지의'라는 뜻이에요. '온갖'도 '갖은'과 비슷한 말이지요. 발음이 비슷해서 '가진'이라고 쓰는 사람이 있는데, 틀린 말이에요. '가진'은 '가지다'에서 온 말로 서로 다른 말이지요. '가지다'의 준말인 '갖다'와도 상관없는 말이랍니다. 그러나 '갖다' 다음에는 모음으로 시작되는 말은 쓸 수 없답니다. 예를 들어, '갖인', '갖어' 등은 잘못된 말이에요. '가진', '가져'라고 써야 한답니다.

더 알아보기

- **갖은** 고생을 다해 마침내 꿈을 이루었어요.
- 들판에는 **온갖/갖은** 꽃들이 피어 있었지요.
- 덩달이는 앞으로 외교관이 되겠다는 꿈을 **갖고/가지고** 있어요.

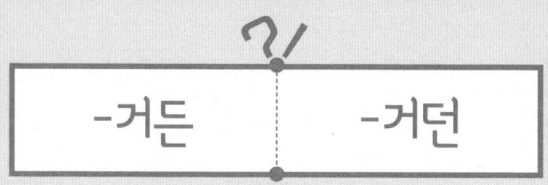

쓸데없는 걱정

어느 해수욕장의 간이 탈의실. 아가씨가 옷을 막 갈아입었는데, 청소하는 할아버지가 문을 벌컥 연다.

아가씨 : 어머, 노크도 없이 들어오시면 어떡해요? 옷을 다 갈아입었기에 망정이지 벗고 있었으면 어떡할 뻔했어요?

할아버지 : 그런 걱정은 할 필요 없어. 내가 들어오기 전에 옷을 다 입었나 안 입었나 열쇠 구멍으로 꼭 확인을 하거든(○)/하거던.

바로 쓰기

듣는 사람이 모르고 있을 듯한 내용을 가르쳐 줄 때, '-거든'을 써요. 특히 뭔가를 자랑하거나 어떤 것을 보고 감탄할 때 쓰는 경우가 많아요. 할아버지가, "나는 왕년에 씨름을 아주 잘했거든." 하고 말하면 자랑스럽게 말하는 느낌이 들지요? "오늘 아침에 길에서 친구를 만났거든. 그런데 그 친구는……." 하는 식으로 무슨 이야기를 꺼낼 때, 쓰기도 해요. '-거던'이라고 쓰면 안 돼요.

더 알아보기

- 공부할 때는 이해가 중요해. 외우기만 해서는 안 되**거든**.
- 난 다른 사람보다 건강해. 매일 약수터에 가서 운동을 하**거든**.

| 게슴츠레한 | 게슴치레한 |

휴대 전화 주인 누구죠?

한 사우나 라커룸에서 모두들 옷을 갈아입느라 정신이 없는데 휴대 전화가 울렸다. 한 아저씨가 평상에서 졸다가 게슴츠레한(○)/게슴치레한 눈으로 전화를 받았다. 휴대 전화 성능이 어찌나 좋은지, 소리가 쩌렁쩌렁 울려서 통화 내용을 주위 사람들이 모두 들을 수 있었다.

전화기: 아빠, 나 엠피스리 사도 돼?
아저씨: 응, 그래.
전화기: 아빠, 나 새로 나온 휴대 전화 사도 돼?
아저씨: 그럼.
전화기: 아빠, 아빠, 나 텔레비전 사도 돼?
옆에서 듣기에도 텔레비전까지는 무리라고 생각됐는데,
아저씨: 너 사고 싶은 거 다 사.
부탁을 다 들어주고 휴대 전화를 끊은 아저씨, 주위를 두리번거리며 외쳤다.
"이 휴대 전화 주인 누구죠?"

바로 쓰기

'거슴츠레하다' 또는 '게슴츠레하다'는 졸려서 눈이 흐리멍덩하며 거의 감길 듯하다는 뜻이에요. '게슴치레하다'는 틀린 말이지요.

더 알아보기

- 그는 졸려서 **거슴츠레한** 눈을 비비고 있었다.
- 그 청년은 **게슴츠레한** 눈으로 탁자를 내려다보며 앉아 있었다.

남자와 고속 도로

어떤 남자의 집이 고속 도로 바로 옆에 있었다. 많은 차들이 쌩쌩 달리는 바람에 너무 시끄럽고 먼지도 많이 나서 살 수가 없었다. 남자가 곰곰이(○)/곰곰히 생각하다가 묘책이 떠올라서 고속 도로 옆에다 커다랗게 팻말을 써 놓았다.

'이곳은 누드촌임.'
다음날부터 쌩쌩 달리는 차는 한 대도 없었다.

바로 쓰기

'곰곰이'는 여러모로 깊이 생각하는 모양을 뜻하는 말로 '곰곰'과 비슷한 말이에요. '곰곰'과 '곰곰이'의 경우처럼 '이'가 붙어 있을 때나 없을 때나 뜻이 똑같은 말은 '히'를 붙이지 않고 '이'를 붙여 써요. 예를 들어 '더욱'과 '더욱이', '오뚝'과 '오뚝이', '일찍'과 '일찍이' 등이 그런 경우랍니다. 그러나 어떨 때 '이'를 쓰고, 어떨 때 '히'를 쓰는지는 여러 가지 기준이 있기 때문에, 잘 모를 때에는 꼭 사전을 찾아보도록 하세요.

더 알아보기

☐ 선생님은 머리를 숙이고 **곰곰** 생각에 잠겼다.

☐ 당신이 한 일을 **곰곰이** 돌이켜 봐라.

☐ 날이 추울 때에는 **더욱이** 감기에 조심해야 한다.

☐ 날이 어두워 그날은 **일찍이** 잠자리에 들었어요.

| 구시렁 | 궁시렁 |

증거를 보여 주세요

어떤 남자가 대형 마트에서 강아지 먹이를 사려는데, 점원이 단호하게 말했다.

"손님, 강아지를 기른다는 증거를 보여 주셔야만 사실 수 있습니다."

"뭐요? 그런 게 어딨소?"

"어쩔 수 없습니다. 여기 규정입니다. 증거를 보여 주세요."

남자는 뭐라고 궁시렁대며/구시렁대며(○) 집에 다시 가서 강아지를 데리고 와서야 먹이를 살 수 있었다.

며칠 뒤 남자는 다시 고양이 먹이를 사러 마트에 갔다.

"고양이 먹이 두 개요."

"죄송합니다만 고양이를 기른다는 증거를 보여 주셔야만 사실 수 있습니다."

점원은 또 증거 타령이다. 화가 난 남자가 아무리 항의해 봐도 아무 소용이 없었다.

며칠 뒤, 남자는 가운데 구멍이 뚫린 상자를 갖고 마트에 갔다.

점원이 말했다.

"무엇을 찾으십니까?"

"이 상자 구멍에 손을 넣어 보면 알 거요."

점원은 구멍 속에 손을 넣어 보더니, 악을 썼다.

"으악, 이게 뭐야? 똥이잖아요?"

그러자 남자 태연하게,

"알았으면 두루마리 화장지 두 개."

바로 쓰기

'구시렁대다'는 '구시렁거리다'와 같은 말로 못마땅하여 군소리를 듣기 싫도록 자꾸 한다는 뜻이지요. '궁시렁대다', '궁시렁거리다'는 모두 틀린 말입니다.

더 알아보기

- 끊임없이 **구시렁대다.**
- 그날 밤새도록 엄마는 **구시렁대면서** 이럴 때는 식구가 같이 있어야 하는 건데 하는 소리를 하고 또 했다.

| 굳이 | 구지 |

유머 동아리

유머 동아리 회원들이 만났다. 이들은 재미난 유머들을 달달 외고 다닌다. 그래서 자기들끼리 이야기할 때는 굳이(○)/구지 말로 하지 않고 유머의 번호만 말한다.

회원 1 : 24번!

즉시 모두가 자지러지게 웃는다.

회원 2 : 이번에는 내 차례야! 자, 73번!

다시 모두가 웃음을 터뜨린다.

회원 3 : 이번에는 내가 하지. 57번!

그런데 아무도 웃지 않는다. 회원 3은 의아해하면서 묻는다.

회원 3 : 왜들 그래? 다들 57번 이야기가 웃기지 않아?

회원들 : (조금 민망해하며) 아주 웃기지. 그런데 이상하게 네가 이야기하니까 영 재미가 없네.

바로 쓰기

'굳이'는 '고집을 부려 구태여'라는 뜻이에요. 끝소리 'ㄷ', 'ㅌ'이 모음 'ㅣ'를 만나면 'ㅈ', 'ㅊ'으로 소리가 나지요. 예를 들어, '같이' → [가치], '해돋이' → [해도지]라고 읽습니다. 그러므로 [구디]가 아니라 [구지]라고 읽어야 합니다. 그러다 보니 아예 '구지' 또는 '궂이'라고 잘못 쓰는 사람들이 있어요. '굳다'에서 온 말이라고 알고 있으면 헷갈리지 않겠지요?

더 알아보기

- **굳이** 지적하자면 이런 문제가 있습니다.
- **굳이** 가겠다면 잡지 않을게.
- 바닷가에는 이미 **해돋이**를 기다리는 사람들이 많이 있었다.
- '**굳이**'가 [구지]라고 발음되는 현상을 '구개음화'라고 해요.

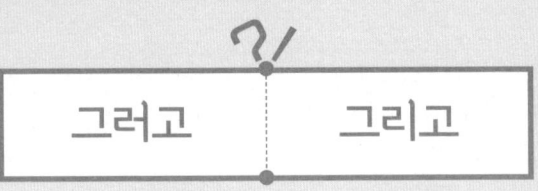

반말

어떤 사람이 바다에서 수영을 하다 발에 쥐가 났다. 그 사람이 허우적거리며 소리쳤다.

"사람 살려! 사람 살려!"

그때 한 남자가 그 사람을 발견했다. 그런데 그 남자는 물에 빠진 사람을 구해 줄 생각은 하지 않고 그냥 바라보며 가만히 서 있는 게 아닌가.

뒤늦게 구조대원이 달려와서 물에 빠진 사람을 구했다. 그러고(○)/그리고 나서 그냥 보고만 있던 사람에게 물었다.

"이봐요! 사람이 살려 달라고 소리치는데 왜 구해 주지 않았소?"

그러자 그 남자가 하는 말,

"아니, 글쎄 저놈이 반말을 하잖아요!"

바로 쓰기

'그러고'는 '그리하고'가 줄어든 말이에요. '그리고'는 낱말이나 문장을 연결할 때, 쓰는 접속 부사이지요. 그러므로 "밥을 먹었다. 그리고 나서 이를 닦았다."와 같이 '그리고'에 '나서'를 붙여 쓰는 것은 잘못이에요. '그러고 나서'라고 써야 합니다. 마찬가지로 '그리고는'이라고 쓰는 것도 잘못이에요. '그러고는'이라고 써야 하지요. '그리고도'라는 말도 틀린 말이지요. '그러고는'이라는 말을 사람들이 많이 쓴다고 해서 따라 쓰면 안 된답니다.

더 알아보기

- **그러고** 있지 말고 이리 와 봐.
- **그러고도** 네가 잘했다는 거니?
- 그는 자리에서 일어났다. **그리고** 창문을 열었다.
- 덩달이는 밥을 먹었다. **그러고** 나서 책을 꺼냈다.

그제야 ?/ 그제서야

교가

할머니가 오랜만에 여고 동창회에 나갔다.

할머니 : 오랜만에 모였는데, 우리 교가나 한 번 부르자.

그런데 아무도 교가를 몰랐다.

할머니 : 어쩜 너희들은 교가도 모르니? 난 알아. 동해물과 백두산이 마르고 닳도록~.

그러자 모두들 "나도 알아." 하면서 따라 불렀다.

할머니가 집에 가서 할아버지에게 자랑했다.

할머니 : 세상에 애들이 교가를 모르잖아요. 내가 부르니까 다들 그제야(○)/그제서야 따라 부르더라고요.

할아버지 : 그래요? 교가가 어떻게 되는데요? 한번 불러 봐요.

할머니 : 동해물과 백두산이 마르고 닳도록~

할아버지 : (고개를 갸우뚱하며) 당신도 나랑 같은 학교를 나왔소?

바로 쓰기

'그제야'는 '앞에서 이야기한 바로 그때에 이르러서야 비로소'라는 뜻이에요. '그제야'를 '그제서야'라고 쓰는 사람들이 많지요. 심지어 소설가들도 '그제서야'라는 말을 많이 쓰고 있어요. 하지만 사전에는 '그제야'만이 표준어라고 나와 있어요. 나머지는 모두 사투리라고 봐야겠지요. '그제서'도 틀린 말이에요. 마찬가지로 '이제서야' 또는 '인자사'라고 쓰면 안 돼요. '이제야'라고 써야 한답니다.

더 알아보기

- 경찰은 **그제야** 수갑을 풀어 주었다.
- 그녀는 **그제야** 정신이 드는 모양이었다.
- 너는 그걸 **이제야** 알았니?

| 금세 | 금새 |

해부학 시험

의대생 덩달이가 해부학 시험을 앞두고 몰래 해부 연습을 하고 있었다.

그런데 갑자기 시체가 벌떡 일어나더니 자기 팔을 떼어 주면서, "학생 이걸로 공부해."라고 말했다. 덩달이는 얼떨결에 받아들였지만, 너무 무서워 도망을 쳤다.

시체는 금세(○)/금새 덩달이를 따라와서 자기 다리를 떼어 주면서 "학생 이걸로 공부해."라고 말했다.

너무 놀란 덩달이는 다리를 받아 들고는 계속 도망을 쳤다.

이번에도 덩달이를 뒤쫓아온 시체는 자기 머리를 떼어 주면서 "학생 이걸로 공부해."라고 말했다.

그러자 겁에 질린 덩달이가 덜덜 떨면서 말했다.

"거긴 시험 범위가 아닌데요."

바로 쓰기

'지금 바로'라는 뜻의 말은 '금세'예요. '요새'나 '그새'라는 말이 있어서 그런지, '금새'라고 잘못 알고 있는 사람이 많지요. 그러나 '요사이', '그사이'라는 말은 있어도 '금사이'라는 말은 없잖아요? 그러니까 '금세'라고 써야 맞답니다. '금세'는 원래 '금시(今時)에'가 줄어서 된 말이에요. 이렇게 어디에서 온 말인지 알고 있으면 헷갈리지 않을 거예요.

더 알아보기

☐ 약을 먹은 효과가 **금세** 나타났어요.

☐ 배가 많이 고팠던지 철이는 **금세** 밥을 먹어 치웠어요.

☐ 날씨가 더워서 냉장고에서 꺼낸 얼음이 **금세** 녹아 버렸어요.

기다란 ❓	길다란

땅으로 또다시

준이가 기다란(○)/길다란 막대기를 가지고 공원 모래밭에서 놀다가, 죽은 비둘기 한 마리를 발견했다.

준이 : 엄마, 엄마. 이리 와 보세요. 큰일 났어요.

엄마가 가 보니, 비둘기 한 마리가 죽어 있었다.

준이 : 엄마, 이 비둘기 죽은 거지? 그래서 누워 있는 거지?
엄마 : 응, 이 비둘기는 하늘나라로 올라간 거야.
준이 : (시무룩한 얼굴로) 그런데 왜 하느님이 다시 집어던진 거야?

바로 쓰기

'길다'와 비슷한말은 '기다랗다'예요. '길다' 때문에 '길다랗다'라고 알고 있는 사람들이 많지만, '기다랗다'가 맞는 말이랍니다.

더 알아보기

▫ 아이가 할아버지의 **기다란** 수염을 만지작거리며 놀고 있어요.

▫ 여자는 **기다란** 머리카락을 날리면서 기차에서 내렸다.

▫ 골목 역시 양쪽으로 수수깡 울타리가 **기다랗게** 뻗어 있다.

| 기어이 | 기여이 |

응급 상황

한밤중에 갑자기 남편이 쓰러지고 말았다. 아내는 바삐 의사를 불렀다.

의사 : 어떻게 된 겁니까?

아내 : 일밖에 모르더니 기어이(○)/기여이 쓰러지고 말았어요.

의사 : 음, 그렇군요. 잠깐 밖에 나가 계시겠습니까?

조금 있다 문을 열고 의사가 밖에서 초조하게 기다리고 있는 아내에게,

의사 : 드라이버 좀 가져다주시겠습니까?

아내가 드라이버를 가져다주자, 이번에는,

의사 : 끌과 망치 있습니까?

아내, 끌과 망치를 가져다주면서,

아내 : 의사 선생님, 우리 남편이 어디가 탈이 났습니까?

의사 : 아직 모르겠습니다. 왕진 가방을 열 수가 있어야 말이지요.

아내 : ?

바로 쓰기

'기어이'는 '어떠한 일이 있더라도 반드시' 또는 '결국에 가서는'이라는 뜻으로 쓰는 말이에요. '기어코'와 비슷한 말이지요. 발음하기가 조금 어려워서 그런 걸까요? '기여이'라고 알고 있는 사람이 많은데, '기여이'는 틀린 말이에요. 마찬가지로 '기여코'도 틀린 말이지요. 어떤 노래 가사에는 '기여히'라는 말도 나오는데요, 격한 감정을 표현하기 위해 '기여히'라고 발음하는 모양인데, 이것도 틀린 말이랍니다.

더 알아보기

- 저들의 속셈이 무엇인지 **기어이** 밝혀내고야 말겠어.
- 다음번엔 **기어이** 거북선을 출동시켜서 왜적을 물리치고 말리라!
- 하늘이 잔뜩 흐리더니 **기어이** 비가 오는구나.
- 아무리 힘들어도 **기어코** 해내고야 말겠다는 결심.

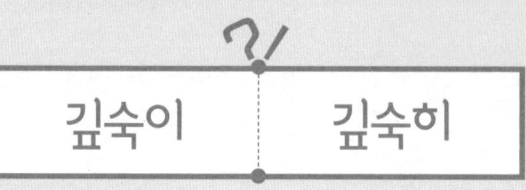

너도 내 나이 돼 봐

늙은 나무꾼이 나무를 하고 있었다. 그런데 어디선가 개구리가 나타났다.

개구리 : 할아버지! 할아버지!

나무꾼 : 거, 거기… 누구요?

개구리 : 저는 마법에 걸린 개구리예요.

나무꾼 : 엇! 개구리가 말을?

개구리 : 저는 원래 하늘에서 살던 선녀였어요. 저한테 입을 맞추시면 제가 사람으로 변해서 할아버지와 함께 살 수 있어요.

그러자 할아버지는 개구리를 집어서 호주머니 깊숙이(○)/깊숙히 넣었다. 그러고는 다시 나무를 베기 시작했다.

개구리 : 할아버지! 저한테 입을 맞추시면 함께 살아 드린다니까요!

나무꾼 : 쿵! 쿵!(무시하고 계속 나무를 벤다)

개구리 : 왜 내 말을 안 믿어요? 나는 진짜로 예쁜 선녀라고요!

나무꾼 : 믿는다, 믿어. 믿고말고.

개구리 : 그런데 왜 입을 맞춰 주지 않고, 나를 주머니 속에 넣어 두는 거예요?

나무꾼 : 나는 선녀 필요 없어. 너도 내 나이 돼 봐. 개구리하고 이야기하는 것이 더 재미있지. 알았냐?

바로 쓰기

'깊숙이'가 맞아요. '끔찍이', '길쭉이', '멀찍이', '삐죽이', '수북이', '촉촉이'처럼 'ㄱ' 받침 뒤에는 '이'를 쓰는 경우가 많아요. 그러나 '속히', '엄격히', '익히', '특히'처럼 '히'를 붙여 쓰는 경우도 적지 않아요. 그래서 잘 모르겠다 싶을 때에는 늘 국어사전을 찾아보도록 하세요.

더 알아보기

□ 헨젤과 그레텔은 숲속 **깊숙이** 들어갔어요.

□ 연아는 선생님의 말씀을 마음 **깊숙이** 간직했다.

| 까다로운 | 까탈스런 |

뛰는 학생 위에 나는 교수

화학과 학생 두 명이 있었다. 두 학생은 전날에 술을 먹고 기말 시험 당일에 지각을 하고 말았다. 그래서 교수님에게 거짓말로 사정을 설명했다.

학생들 : 친구 결혼식에 갔다 그만 타이어가 펑크 나는 바람에 늦고 말았습니다.
교수 : (곰곰이 생각하다) 그런 사고가 있었다니 어쩔 수 없군. 내일 다시 시험을 치도록 하게.

다음 날, 두 학생은 시험지를 받아 들었다. 첫 문제는 아주 쉬운 문제로 5점짜리였다. 그런데 두 번째 문제는 예상 밖으로 까다로운(○)/까탈스런 문제였다.

문제 2. 펑크 난 타이어는 어느 쪽 타이어였는가?(95점)

바로 쓰기

조건 따위가 복잡하거나 엄격하여 다루기가 순탄하지 않거나, 성미가 원만하지 않고 별스럽게 까탈이 많은 것을 '까다롭다'고 하지요. 그러나 '까탈스럽다'는 표준어가 아니랍니다.

더 알아보기

▫ 영어 선생님은 성격이 **까다롭기로** 이름난 선생님이에요.

▫ 아버지는 식성이 **까다로워서** 어머니가 힘들어해요.

| 까무러치다 | 까무라치다 |

단독 인터뷰

어느 높은 자리에 있는 사람이 신문의 부고란에서 자기 이름을 발견했다. 이 사람은 몹시 화가 나 신문사에 전화를 걸었다.

높은 사람 : 당신들 신문 부고란에 내 이름이 올라 있소. 내가 죽었단 말이오?

신문사 : 아, 성함이 어떻게 되시는데요?

높은 사람 : 박빙구요.

다음 날 신문을 보고 높은 사람은 까무라치고/까무러치고(○) 말았다.

'특보! 본지, 죽은 사람과 단독 인터뷰!'

바로 쓰기

너무 놀라 정신을 잃는 것은 '까무러치다'예요. 크게 놀랄 때 쓰는 '소스라치다'라는 말 때문인지, '까무라치다'라고 알고 있는 사람이 많은데, '까무러치다'가 맞는 말이에요. 느낌이 더 약한 말로 '가무러치다'라고 쓰기도 해요. 모양이 비슷한 말로 '가무러지다' 또는 '까무러지다'라는 말이 있는데, '정신이 가물가물하여지다' 또는 '촛불이나 등잔불 따위가 약해져서 꺼질 듯 말 듯 하게 되다'라는 뜻이에요. 서로 다른 말이지요.

더 알아보기

- 너무 놀라 **까무러칠** 뻔했다.
- 어머니는 아들이 죽었다는 소식을 듣고 그 자리에서 **까무러쳤다.**
- 아이는 심하게 기침을 하더니 **까무러치고** 말았어요.

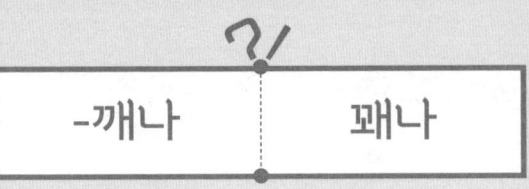

고기는 어떻게 할까요?

기온이 35도를 오르내리는 날씨깨나(○)/꽤나 더운 여름날. 열심히 포교를 하시던 스님 한 분, 이렇게 더운 날엔 시원한 물냉면이 제격이다 하시며, 식당을 찾았다.

식당 종업원 : 스님, 뭘로 드릴까요?

스님 : 시원한 물냉면!

식당 종업원 : 예, 알겠습니다.

그런데 식당 종업원, 주방을 향해 '물냉면 하나요!' 하고 소리치고는 뭔가 이상하다는 듯 고개를 갸웃한다.

식당 종업원 : (귓속말로) 스님, 그런데 고기는 어떻게 할까요?

스님 : (짜증을 확 내며) 밑에 깔아, 짜샤!

바로 쓰기

'-깨나'는 어느 정도 이상의 뜻을 나타내는 보조사예요. 예를 들어, '나이깨나 먹었다.'라는 말은 '나이를 상당히 많이 먹었다. 어떤 일을 할 정도 이상으로는 많이 먹었다.'라는 뜻이지요. '꽤나'는 '보통보다 조금 더'라는 뜻을 나타내는 '꽤'라는 말 뒤에, 수량이 크거나 많다는 것, 또는 정도가 심하다는 것을 강조하기 위해서 '-나'를 붙인 것이에요. 그러니까 '-나'를 빼고 '꽤'라고만 써도 말이 되겠지요? 잘 구별해서 써야 하겠어요.

더 알아보기

- 돈**깨나** 있다고 남을 깔보면 되겠니?
- 얼굴을 보니 심술**깨나** 부리겠더구나.
- 여기서 거기까지는 **꽤(나)** 멀다.
- 그 아이는 공부를 **꽤(나)** 잘했어요.

| 깨치다 | 깨우치다 |

글자를 모르니까

이제 겨우 만 24개월이 지난 꼬마가 책상에 앉아 열심히 편지를 쓰고 있었다. 한글도 깨치지(○)/깨우치지 못한 아이가 편지를 쓰자, 엄마가 신기해서 물었다.

"너는 글자도 모르면서 어떻게 편지를 쓰고 있니?"

그러자 꼬마가 대답했다.

"괜찮아요. 이 편지를 받을 친구도 글자를 모르니까요."

바로 쓰기

'깨치다'는 '일의 이치 따위를 깨달아 알다.'라는 뜻이에요. '도를 깨친 사람'을 '도사'라고 부르지요. 비슷한말로 '눈뜨다', '깨닫다'라는 말이 있어요. '깨뜨리다'라는 뜻으로 '깨치다'를 쓰는 경우가 있는데, 이럴 때 '깨치다'는 사투리예요. '깨우치다'는 '깨달아 알게 하다.'라는 뜻입니다. '깨치다'를 써야 할 자리에 '깨우치다'를 쓰면 틀린 말이 됩니다. 예를 들어 '동생이 드디어 한글을 깨우쳤어요.'라고 쓰면 안 된다는 거지요. '동생이 드디어 한글을 깨쳤어요.'라고 써야 합니다.

더 알아보기

- 아침에 도를 **깨친다면** 저녁에 죽어도 좋다.
- 수학의 원리를 **깨쳐서** 알게 된 빙구는 수학 박사가 되었어요.

| 꼬락서니 | 꼬라지 |

제가 뭐요?

어느 무지막지하게 더운 여름날, 대학 강의실 에어컨이 고장 났다. 교수님도 학생들도 잔뜩 짜증이 난 상태로 수업이 진행되고 있었다. 수업이 시작된 지 20분이 됐는데, 강의실 뒷문이 열리며 한 학생이 들어섰다.

교수 : 자네, 지금 몇 시인데 이제 오나?
학생 : 아, 차가 좀 막혀서요.
교수 : (화를 억누르며) 어제 저녁에는 뭘 했길래, 그 꼬락서니(○)/꼬라지는 뭔가?
학생 : 친구들하고 고스톱치고 술 먹다 잤는데요.
교수 : (소리를 벌컥 지르며) 아니, 자네 도대체 뭐하는 사람인가?
학생 : 저, 에어컨 수리하는 사람인데요.

바로 쓰기

'꼴'을 낮잡아서 말할 때 '꼬락서니'라고 하지요. '꼬라지'는 사투리예요.

더 알아보기

- 영락없이 거지 **꼬락서니**를 하고 있네.
- 비에 젖은 생쥐 **꼬락서니**다.

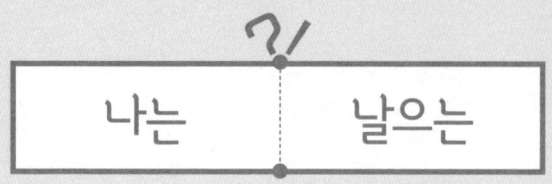

슈퍼맨과 만득이

오늘도 하늘을 나는(O)/날으는 슈퍼맨, 물에 빠져서 허우적거리는 만득이를 발견했다.

만득이 : 구해 줘요, 슈퍼맨!

그러자 슈퍼맨은 정의감에 불타는 눈빛으로 날아와 만득이에게 말했다.

슈퍼맨 : 구!

바로 쓰기

'하늘을 날으는'이라고 많이들 쓰지만, '하늘을 나는'이 맞는 표현이에요. '하늘을 날으고'라고 하지 않고 '하늘을 날고'라고 쓰는 것과 같은 이치이지요. 마찬가지로 '거칠은 손'이 아니라, '거친 손', '녹슬은 기찻길'이 아니라, '녹슨 기찻길'이라고 써야 맞아요. 또, '하늘을 날라가다'라고 쓰는 사람이 많은데, '나는'의 기본형은 '날르다'가 아니라 '날다'예요. 그래서 '날아가다'라고 써야지 '날라가다'라고 쓰면 틀려요.

더 알아보기

- 내가 가장 좋아하는 동화는 '하늘을 **나는** 교실'이다.
- **나는** 새도 떨어뜨릴 만큼 권력이 셌어요.
- 봄이 되자, 꽃밭에 나비가 **날아다녀요**.
- '날라다니다'가 아니라 '**날아다니다**'가 맞아요.

| 나더러 | 날더러 |

할머니의 택시 요금

어떤 할머니가 택시를 탔다.

할머니 : 기사 양반, 나 용산역까지만 태워 줘.

기사 : 네.

택시가 용산역에 도착했다.

기사 : 할머니, 용산역에 도착했습니다. 요금은 5,000원입니다.

그런데 할머니는 택시를 내리면서 2,500원을 내밀었다.

기사 : (황당해하며) 할머니 5,000원인데요.

할머니 : 나더러(O)/날더러 다 내라고? 너도 같이 타고 왔잖아.

바로 쓰기

어떤 행동이 미치는 대상을 나타내는 조사는 '더러'입니다. 조사 '더러'만 앞말에 붙여 쓰면 되지요. 그러므로 '날더러'라고 쓰면 틀리지요. 비슷하게 쓰이는 말로 '보고'나 '한테'가 있어요. '나보고' 또는 '나한테'라고 쓰지, '날보고' 또는 '날한테'라고 쓰는 사람은 없겠지요?

더 알아보기

- 마음씨 착한 형은 동생**더러** 금덩이를 가지라고 했습니다.
- 아니, 누구**더러** 잘못했다는 거야?
- 그것은 언니**더러** 물어봐.
- 누구**보고** 하는 소리니?
- 이것은 누구**한테** 보내는 선물이니?

| 나지막하다 | 낮으막하다 |

황당한 점쟁이

시험 성적이 잘 나올지 걱정하던 또순이가 점을 치러 갔다. 점집에 들어서자마자, 점쟁이가 호통을 쳤다.

"너희 집에 감나무 있지?"

속으로는 '이 점집이 아주 잘 맞힌다고 해서 왔는데, 왜 이러지?' 하면서도, 또순이는 나지막하게(○)/낮으막하게 대답했다.

"아니요."

그랬더니 점쟁이 하는 말.

"있었으면 큰일 날 뻔했어."

바로 쓰기

'나지막하다'는 '위치가 꽤 낮다' 또는 '소리가 꽤 낮다'라는 뜻이에요. 비슷한말로 '나직하다'를 써요. '낮다'라는 말 때문에 '낮으막하다'가 맞는 표현이라고 생각하는 사람도 있어요. 그러나 '나지막하다'가 맞는 말입니다. 흔히 쓰는 '나즈막하다'도 잘못된 표현이에요. 아울러 부사로 쓸 때는 '나지막이'라고 써야 올바른 표현이지요.

더 알아보기

- 우리 동네에는 **나지막한** 건물이 많다.
- 명수는 그의 눈을 뚫어져라 바라보며 **나지막하게** 말을 이었다.
- 구름이 **나직하게** 떠 있는 것을 보니 비가 올 것 같아요.
- 우리 집 뒤에는 **나직한** 동산이 하나 있다.

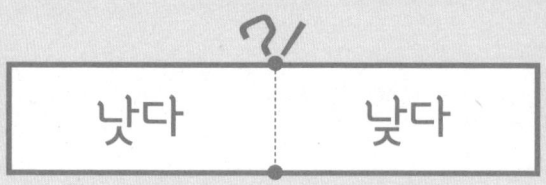

불행 중 다행

경찰이 도둑맞은 가게를 조사하고 있었다.

경찰 : 안되셨습니다.

주인 : 그래도 어제 당한 것보다는 낫습니다(O)/낮습니다.

경찰 : 그게 무슨 말이지요?

주인 : 오늘부터 전 품목 세일이었거든요.

바로 쓰기

'낫다'는 더 좋거나 앞서 있다는 뜻이에요. 비슷한말로 '뛰어나다', '우수하다' 등이 있지요. [낟:따]라고 길게 발음해야 해요. '낮다'는 '높다'의 반대말입니다. [낟따]라고 짧게 발음해야 하지요.

더 알아보기

- 형보다 동생이 **낫다**.
- 둘 가운데 이것이 더 **나아** 보인다.
- 책상이 너무 **낮아서** 쓰기에 불편하다.
- 저 산은 높이는 **낮지만** 험해서 오르기가 힘들어요.
- 콘트라베이스는 아주 **낮은** 음을 낼 수 있는 악기랍니다.

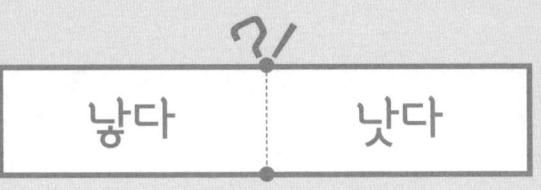

어른들만 낳은(○)/나은 할머니

번칠이가 할머니에게 물었다.

"할머니, 할머니도 아기를 낳아(○)/나아 보셨어요?"

그러자 할머니는,

"그럼, 너희 큰아버지, 아버지, 고모, 삼촌, 다 이 할머니가 낳았단다(○)/나았단다."

이 말을 들은 번칠이,

"와, 할머니는 어쩜 다 어른들만 낳으셨어요(○)/나으셨어요?"

바로 쓰기

'낳다'는 아이를 출산했다, 어떤 결과를 이루었다는 뜻이고, '낫다'는 병이나 상처가 고쳐졌다는 뜻이에요. 몸에 병이나 탈이 생겼다는 뜻으로는 '나다'라는 말을 쓰지요.

더 알아보기

- 간밤에 소가 송아지를 **낳았어요**.
- 학자들이 노력한 덕분에 좋은 결과를 **낳았다**.
- 다섯 쌍둥이를 **낳은** 한 어머니가 신문에 나왔어요.
- 감기가 **낫는** 것 같더니 다시 심해졌어요.
- 어머니가 열심히 보살펴 주신 덕분에 배탈이 금세 **나았어요**.
- 친구가 병이 **났어요**. 병이 빨리 **나았으면** 좋겠어요.
- 너무 많이 먹지 마라. 배탈 **나면** 어쩌려고 그래?

| 내로라하다 | 내노라하다 |

역시 한국인

미국과 일본, 한국에서 내로라하는(○)/내노라하는 탐험가 셋이 아마존을 탐험하고 있었다. 그런데 갑자기 어디선가 원주민들이 나타나 셋을 잡아갔다.

추장 : 우리 땅을 침범한 죄로 곤장 100대씩을 때리겠노라. 다만, 너희들이 원하는 것을 엉덩이 위에 올려놓는 것은 허락하노라.

그러자 미국인은 자기 엉덩이 위에 매트리스 2장을 올려 달라고 했다. 그런데 곤장 70대를 맞고 나자, 매트리스는 모두 찢어져 버렸다. 미국인은 곤장 30대를 고스란히 맞고도,

미국인 : 우리 미국인은 역시 창조성이 뛰어난 민족이야.

일본인은 방석 10장을 올려 달라고 했다. 그런데 곤장 100대를 다 맞고도 엉덩이에 아무런 상처도 입지 않았다.

일본인 : 역시 우리 일본인은 모방에는 천재야!

이번에는 한국인 차례였다.

추장 : 너는 무엇을 올려놓기를 원하느냐?

한국인 : 제 엉덩이 위에는 저 일본인을 올려놓아 주세요.

바로 쓰기

'내로라하다'는 어떤 분야를 대표할 만하다는 뜻이에요. 이것을 '내노라하다'라고 알고 있는 사람이 많은데, '내놓으라 하다'는 말에서 온 것이라고 생각하기 때문이겠지요. 하지만 '내로라하다'라는 말은 '나이로다 하다'는 말에서 나온 것이에요. '그 사람은 다른 사람이 아니라 바로 나다.'라고 한다는 뜻이지요.

더 알아보기

- **내로라하는** 스타들이 한곳에 모였어요.
- **내로라하는** 정계 인사들이 모두 모여 회의를 치렀답니다.
- 각 분야에서 **내로라하는** 사람들이 모두 모였어요.

| 너머 | 넘어 |

엉큼한 사람

호텔에서 묵고 있던 여자 손님이 프런트에 전화를 걸어 소리쳤다.

"저 건너편 방에 실오라기 하나 안 걸치고 알몸으로 돌아다니는 남자가 있어요. 이런 법이 어딨어요?"

잠시 후 호텔 종업원이 그녀의 방에 들어와 창문 너머(○)/넘어를 보고 말했다.

"손님, 상반신밖에 안 보이는데 뭘 그러세요?"

그러자 여자 손님이 말했다.

"여기 침대 위로 올라가 발끝으로 서서 한번 보세요."

바로 쓰기

'넘다'라는 말은 높은 부분의 위를 지나간다는 뜻이지요. '넘어'는 '넘다'에서 나온 말로 움직임을 나타내는 말입니다. 높은 곳 저쪽 공간을 나타낼 때는 '너머'를 씁니다. 움직임이 아니라 어떤 장소를 나타내는 말이지요. 남이 하는 것을 옆에서 보거나 듣거나 했을 때, '어깨너머'라는 말을 쓰기도 하지요.

더 알아보기

- 도둑이 담을 **넘어** 부엌으로 들어왔어요.
- 산을 **넘어야** 다음 마을이 있어요.
- 저 산 **너머에는** 누가 살고 있을까?
- 노래하는 소리가 담 **너머까지** 들려왔어요.
- 그는 학교에 가지 못해 어깨**너머로** 한글을 깨쳤어요.

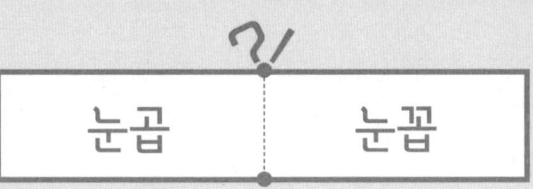

문 닫아

선생님 : 영재야, '문 닫아'를 소리 나는 대로 쓰면 어떻게 되지?

영재 : '문 다다'요.

선생님 : 참 잘했어요.

선생님은 졸고 있던 만득이에게 물었다.

선생님 : 만득아, '문 닫아'를 소리 나는 대로 써 볼래?

만득이, 눈곱(○)/눈꼽을 떼고 침을 닦으며,

만득이 : '쾅!'

바로 쓰기

배에 있는 것은 '배꼽'이고, 눈에 끼는 것은 '눈곱'이라고 해요. 원래 '곱'은 동물의 지방을 가리키는 말이에요. 그러다가 눈에서 나오는 진득진득한 즙액이 말라붙은 것을 가리킬 때도 쓰이게 된 거지요.

더 알아보기

▢ 소의 작은창자를 곱창이라고 하는데, '곱창'의 '곱'이 '**눈곱**'의 '곱'과 같은 뜻이에요.

▢ 만득이는 그런 것에는 **눈곱**만큼도 관심이 없어요.

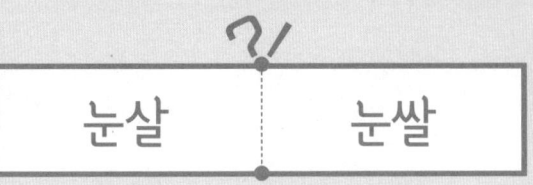

모자 쓴 이유

대학교 강의 시간에 한 학생이 모자를 쓰고 있었다. 교수가 눈살(○)/눈쌀을 찌푸리며,

교수 : 학생, 왜 모자를 쓰고 있나?
학생 : 그럼, 교수님은 왜 안경을 쓰고 계시나요?
교수 : 나야 눈이 나빠서 안경을 쓰고 있지.
학생 : 저는 머리가 나빠서 모자를 쓰고 있습니다. 뭐 잘못 됐나요?

바로 쓰기

두 눈썹 사이에 잡히는 주름을 '눈살'이라고 해요. 발음 때문에 '눈쌀'이라고 생각하기 쉽지만, '눈살'이 맞아요. 눈의 살이라고 생각하면 헷갈리지 않겠지요.

더 알아보기

- 지하철에서 큰 소리로 떠드는 사람들 때문에 **눈살**을 찌푸렸어요.
- 어머니는 이런저런 걱정으로 **눈살**을 펼 새가 없었어요.

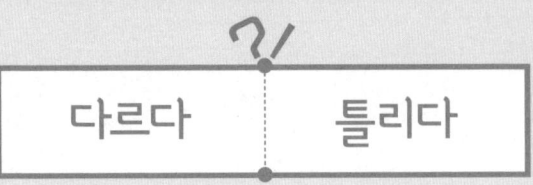

교관과 훈련병

교관이 훈련병에게 말했다.

교관 : 너희들은 이제 사회인과는 다르다(O)/틀리다. 앞으로 사회에서 쓰던 말투도 모두 버린다. 군에서 쓰는 모든 문장은 '다' '나' '까'로 끝난다. 알았나?

훈련병 A : 알았다!

교관 : 이런 정신 나간 녀석! 지금 뭐라고 했나?

훈련병 A : 알았다니까!

바로 쓰기

'다르다'를 써야 할 자리에 '틀리다'를 쓰는 사람이 많지요. 그러나 '다르다'는 영어로 'different', '틀리다'는 영어로 'wrong'이랍니다. 영어로 써 보면 분명히 뜻이 다르지요? '다르다'는 '서로 같지 아니하다'는 뜻이고, '틀리다'는 '셈이나 사실 따위가 잘못되었다'는 뜻입니다. 서로 구별해서 써야겠어요.

더 알아보기

- **'다르다'**와 **'틀리다'**는 서로 뜻이 달라요.
- 쌍둥이라도 성격은 서로 **달라요**.
- 식은 맞았는데 계산이 **틀렸어요**.
- 아무리 좋은 신문이라도 **틀린** 글자가 많으면 신뢰를 얻을 수 없습니다.

| 닦달 | 닥달 |

개구쟁이

매일 집 안을 어지럽히는 개구쟁이가 있었다. 엄마가 치워도 치워도 끝이 없었다. 엄마가 아무리 닦달(○)/닥달해도 소용이 없고, 잔소리하기도 지쳐서 착한 어린이 이야기를 들려주었다.

엄마 : 옛날에 어떤 아이가 있었는데, 이 아이는 잠자리에 들기 전에 장난감을 제자리에 가지런히 정돈하고, 스스로 이도 닦고 몸도 씻는단다.

똘망똘망한 눈으로 엄마의 이야기를 끝까지 듣고 난 개구쟁이,

개구쟁이 : 엄마, 그런데 걔는 엄마도 없대?

바로 쓰기

'닦달하다'는 남을 단단히 윽박질러서 혼을 내다는 뜻이에요. '닥달하다'는 틀린 말이에요. 비슷한말로 '닦아세우다', '들볶다' 등이 있어요. 둘 다 쌍기역 받침이지요.

더 알아보기

▫ 손님은 종업원에게 당장 사장을 불러오라고 **닦달**하였다.

▫ 성미 급한 주인은 죄 없는 하인들만 **닦달**하고 있었어요.

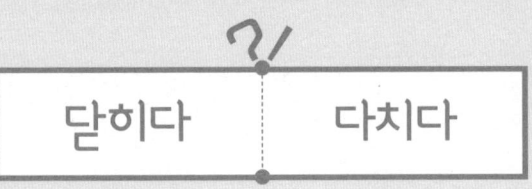

나뿐만이 아니야!

덩달이가 지하철을 탔는데, 시간이 가도 지하철 문이 닫힐(ㅇ)/다칠 생각을 하지 않았다. 덩달이가 무슨 일이 있나 하고 문밖으로 고개를 내밀어 보는 순간, 그만 지하철 문에 목이 끼고 말았다. 그런데 덩달이, 문에 목이 낀 채로 마구 웃는 게 아닌가! 그래서 옆에 있던 꼬마가,

꼬마 : 아저씨, 안 아프세요? 왜 웃어요?

덩달이 : 하하하, 나 말고 한 놈 더 있어!

바로 쓰기

발음이 같지만, '(문이) 닫히다'는 '(팔을) 다치다'와 구별해서 써야 해요. '닫히다'는 '닫다'에서 온 말이니까요. 비슷한 경우로, '맞히다'와 '마치다', '받히다'와 '바치다' 등이 있어요.

더 알아보기

- 문이 저절로 **닫혔어요**.
- 뚜껑이 너무 꽉 **닫혀서** 열 수가 없어요.
- 손을 **다쳐서** 뚜껑을 열 수가 없어요.
- 어려운 문제인데도 덩달이는 정답을 척척 **맞혔어요**.
- 덩달이는 숙제를 **마치고** 나서 텔레비전을 보았어요.
- 어떤 여학생이 승용차에 **받혀** 크게 다쳤어요.
- 농민들은 나쁜 지주에게 지은 곡식을 모두 **바쳐야만** 했어요.

| 담그다 | 담구다 |

거기서 나온 공

만득이가 이발소에서 면도를 하게 되었다. 이발사는 만득이의 뺨에 비누 거품을 칠한 뒤, 나무로 만든 작은 공을 물에 담갔다가(○)/담궜다가 꺼내 주었다.

이발사 : 이것을 물고 계세요. 그럼 면도를 더 깨끗이 할 수 있답니다.

만득이는 나무 공을 입에 물었다. 그러다가 궁금해서 물었다.

만득이 : 저, 만약 이 공을 삼키면 어떻게 되지요?

이발사 : 아, 상관없어요. 가끔 그러시는 손님이 계신데, 다음 날 다시 그 공을 가져오시더라고요.

바로 쓰기

뭔가를 액체 속에 넣거나 김치 따위를 만드는 일을 '담그다'고 하지요. '담구다'라고 쓰면 틀려요. '담그다'가 형태를 바꾸어 '담가', '담근', '담갔다' 등으로 쓰인답니다. 그러니까 '김치를 담가 먹는다.'라고 해야지, '김치를 담궈 먹는다.'라고 쓰면 틀리지요. 나중에 이야기할 '잠그다'도 이와 비슷한 경우예요. '잠구다'라고 쓰면 틀린답니다.

더 알아보기

- 시냇물에 발을 **담그니** 발이 시렸어요.
- 개구리를 알코올에 **담가** 두었어요.
- 어머니는 집에 오시자마자 김치부터 **담갔어요**.
- 며칠 전에 **담근** 무김치가 벌써 익었네.

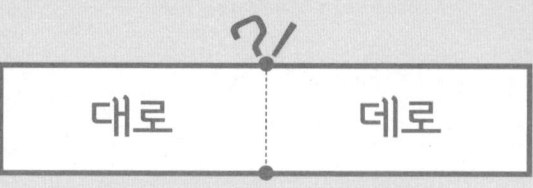

이상한 치과 의사

맹구가 이가 아파 치과에 갔다. 환자가 많아 맹구도 차례를 기다렸다. 그런데 이 치과 의사에게는 이상한 점이 하나 있었다. 환자가 진찰받기 전에 창밖을 보고 혀를 10번씩 날름거리게 하는 것이었다.

맹구 차례가 되자 의사는 맹구에게도 똑같은 행동을 시켰다. 맹구는 의사가 시키는 대로(○)/데로 창밖을 보며 혀를 10번 날름거리고 왔다.

치료가 다 끝나고 맹구는 궁금해서 견딜 수가 없어서 의사에게 물었다.

"저…… 선생님, 왜 치료받기 전에 창밖을 보고 혀를 날름거리게 하시는 거예요?"

그러자 그 의사 대답이,

"아, 그거요? 아무것도 아녜요. 맞은편 빌딩 사무실에 꼴 보기 싫은 놈이 하나 있어서……."

바로 쓰기

'대로'는 '어떤 모양이나 상태와 같이' 또는 '즉시'라는 뜻이에요. '데로'의 '데'는 장소를 나타내는 말이지요. 그러니까 '곳으로'라는 말을 대신 넣어서 말이 되면 '데로'라고 쓰면 됩니다. 말이 안 되면, '대로'라고 쓰면 되겠지요. 예를 들어, '들은 대로 이야기해 봐.'에서 '들은 곳으로 이야기해 봐.'라고 쓰면 말이 안 되잖아요? 그러니까 '대로'를 쓰면 되겠지요.

더 알아보기

- 들은 **대로** 이야기하다.
- 학교에서 배운 **대로** 했어요.
- 다른 **데로** 가자.
- 깊은 **데로** 가지 말고 얕은 데서 놀아라.

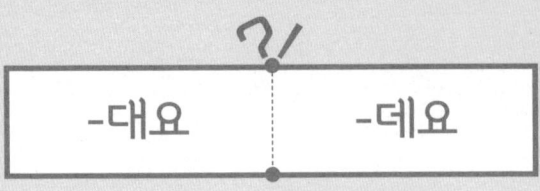

경부 고속 도로

대기업의 김 부장, 오늘 부산으로 출장을 가게 되었다. 아내가 자동차를 타는 김 부장을 배웅까지 하고, 집 안 청소를 했다. 청소를 하면서 라디오로 뉴스를 듣는데,

"지금 경부 고속 도로를 역주행하는 자동차가 한 대 있다고 합니다. 경부 고속 도로를 이용하시는 분들은 조심하시기 바랍니다."

아내, 부산으로 출장 간 남편 걱정이 되어 전화를 걸었다.

"여보, 지금 경부 고속 도로를 역주행하는 자동차가 한 대 있대요(○)/있데요. 조심하세요!"

남편 왈,

"우이~씨! 한 대가 아니야. 백 대도 넘어!"

바로 쓰기

'-대(-대요)'는 남이 말한 내용을 전할 때 쓰여요. 예를 들어, '옛날 어느 마을에 아주 가난한 아이가 살았대.'는 '옛날 어느 마을에 아주 가난한 아이가 살았다고 해.'의 준말이라고 생각하면 돼요. 이처럼 '-대' 대신 '-다고 해'를 넣어서 말이 되면 '-대'가 맞는 거지요. '-데'는 자기가 직접 경험한 것을 나중에 말할 때 쓰는 말이에요. '-데' 대신 '-더라'라고 넣어서 말이 되면 '-데'라고 씁니다.

더 알아보기

- 오늘 학교에 못 **온대**(못 온다고 해).
- 그 사람 참 말 잘**하데**(잘하더라).
- 빙구는 사람이 아주 똑똑하**대요**(똑똑하다고 해요).
- 유치원 건물이 아주 **좋데**(좋더라).

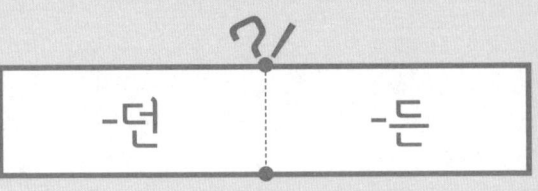

쉬는 날

어머니가 보니, 여덟 살짜리 큰딸이 여섯 살짜리 동생을 자기 친구들하고 하는 놀이에 끼워 주지 않았다.

어머니 : 동생도 같이 데리고 놀지 그러니?

큰딸 : 너무 어려서 판을 깨요.

어머니 : 그러지 말고 데리고 놀아 줘.

얼마 후에 어머니가 다시 보았더니, 작은딸이 여전히 언니들의 놀이에 끼지 못하고 구석에 혼자 앉아 있었다. 어머니가 작은딸을 보고,

어머니 : 너는 놀이에 끼워 주지 않던(○)/않든?

작은딸 : 아니야, 엄마. 나는 가사도우미인데, 오늘은 쉬는 날이야.

바로 쓰기

'-던'은 새롭게 알게 된 사실에 대해 묻는 말로서, '-더냐'와 비슷하게 쓰이는 말이에요. 그러니까 '-더냐'로 바꾸어 보아 말이 되면 '-던'을 쓰면 되겠지요. '-든'은 '-든지'의 준말로 어느 것이든 선택할 수 있을 때, 쓰는 말이에요. 헷갈릴 때는 '-든지'로 바꾸어 써 보세요. 그럼 쉽게 구별할 수 있을 거예요.

더 알아보기

- 선생님께서 기뻐하시**던**?
- 날씨가 많이 춥**던**?
- 밥을 먹**든** 국수를 먹**든** 네 마음대로 해라.
- 어떤 상이든(지) 한 번이라도 받아 보았으면 좋겠다.

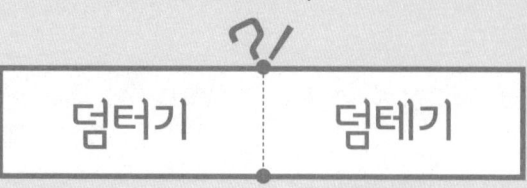

일 분도 안 걸려

한 손님이 이를 뽑으려고 치과를 찾았다.

손님 : 이 하나 빼는 데 얼마죠?
의사 : 5만 원입니다.
손님 : 아니, 나에게 덤터기(○)/덤테기를 씌우려고요? 단 일 분도 안 걸리는데?

그러자 의사 선생님이 하는 말.

"원하시면 천천히 빼 드릴 수도 있어요."

바로 쓰기

남에게 넘겨씌우거나 남에게서 넘겨받은 허물이나 걱정거리를 일컬어, '덤터기'라고 하지요. '덤테기'나 '덤테', '덤텡이'는 모두 잘못이랍니다.

더 알아보기

▫ 빚보증을 잘못 서는 바람에 **덤터기**를 만나 남의 빚을 대신 갚아야 할 판이다.

▫ 엉뚱한 사람에게 **덤터기**를 씌우지 마라.

| 돋우다 | 돋구다 |

황당한 공약

한 시장 출마자가 악을 쓰며 선거 유세를 하고 있었다.

"시민 여러분! 제가 시장이 되면 이 시에 다리를 놓겠습니다."

듣고 있던 한 시민이 말했다.

"그런데 우리 시에는 강이 없는걸요."

그러자 출마자는 목소리를 돋우어(○)/돋구어 더 크게 말했다.

"그럼 강부터 먼저 파겠습니다."

바로 쓰기

'돋우다'는 '도드라지거나 높아지게 한다', '감정 따위를 생겨나게 한다'는 뜻이에요. '돋우다'를 쓸 자리에 '돋구다'를 쓰는 일이 많은데, '돋구다'는 이 경우에 맞지 않는 말이에요. '돋구다'는 '안경의 도수 등을 높게 한다'는 뜻이에요.

더 알아보기

☐ 입맛을 **돋우는** 봄나물

☐ 흥을 **돋우기** 위해서 북을 두드렸습니다.

☐ 나그네의 말은 듣고 있는 철이의 호기심을 잔뜩 **돋우었지요**.

☐ 덩달이는 혀를 쏙 내밀며 슬기의 화를 **돋우었어요**.

☐ 그 환자는 발을 **돋우어** 창밖을 내다보았어요.

| 뒤처지다 | 뒤쳐지다 |

어떤 여자의 장례식

어떤 여자가 병으로 목숨을 잃었다. 아들들이 관을 나르고 남편은 뒤처져(○)/뒤쳐져 침울한 표정으로 따라갔다.

그런데 아들들이 장례식장을 나가다가 실수로 관을 벽에 툭 부딪쳤다. 그러자 관 속에서 소리가 들렸다. 아내가 살아 있는 것이었다.

사람들은 기적이라며 기뻐했고 그 여자는 그 후로 10년을 더 살았다.

10년 후 다시 그 여자의 장례식이 있었다. 아들들이 관을 들고 장례식장을 나가는데, 뒤에서 아버지가 소리쳤다.

"벽, 조심해!"

바로 쓰기

남들보다 뒤로 처지거나 남게 될 경우에 '뒤처지다'라고 해요. 비슷한말로 '떨어지다', '뒤떨어지다'라는 말이 있어요. '뒤쳐지다'는 물건이 뒤집혀서 젖혀졌을 때에 쓰는 말이에요. '처지다'라는 말을 생각하면 구별해서 쓸 수 있을 거예요.

더 알아보기

- 김달수 선수는 10㎞ 지점부터 **뒤처지기** 시작했다.
- 늘 **뒤처져** 가던 우리나라가 드디어 선진국의 문턱에 들어섰어요.
- 화투짝이 **뒤쳐졌다**.
- 바람에 현수막이 **뒤쳐졌다**.
- 동생은 공부는 잘했지만, 운동 면에서는 형보다 항상 **처진다**.

| 되다 | 돼다 |

슬픈 전설

삼순이가 친구들이랑 엠티를 갔다. 모닥불을 피워 놓고 도란도란 이야기꽃이 피기 시작했다. 못된 친구들이 삼순이를 놀린다.

"삼순이? 이름이 그게 뭐야?"

"맞아. 삼순이…… 정말 시골스럽다!"

"삼순이, 삼순이. 하하하!"

오랜만에 친구들과 재미있게 놀려고 했던 삼순이, 그만 눈물을 흘리며 자리를 박차고 뛰어나간다.

큰길에 나온 삼순이, 택시를 잡아 탔다. 택시 안에서도 눈물을 그치지 못하는 삼순이.

택시 기사 : 아, 예쁜 아가씨가 뭔 일이 있어 그렇게 울어?

그러나 삼순이, 말도 못하고 계속 서럽게 운다.

택시 기사 : 무슨 일인지 모르지만, 그만 울어요.

삼순이 : 흑흑, 친구들이 이름 때문에 자꾸 놀려요.

택시 기사 : 이름이야 뭐 어때서 그래? 삼순이만 아니면 되지.

바로 쓰기

'돼'는 '되어'의 준말이에요. '되어'를 넣어서 말이 되면 '돼'라고 쓰면 되겠지요. '됬다'도 틀린 말로, '되었다' 또는 줄여서 '됐다'라고 써야 합니다. '되'인지 '돼'인지 그래도 헷갈리면 '하'나 '해'를 넣어 보세요. '하'가 되면 '되'로 쓰고, '해'가 되면 '돼'를 씁니다. '하지' → '되지', '했지' → '됐지'처럼 쓰면 되지요.

더 알아보기

- 너도 참 안**됐다**.
- 그냥 전화로 하면 **되지**, 꼭 직접 가야 하니?
- 물이 너무 많아 밥이 죽이 **됐다**.
- 아무리 그래도 화를 내면 안 **돼**.
- 말썽꾸러기 빙구는 자라서 아주 딴 사람이 **됐다**.
- 깊은 숲속으로 들어가니 과자로 **된** 집이 있었어요.

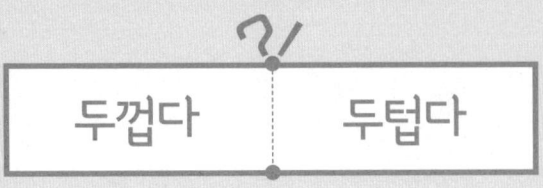

포기하는 거야?

엄마가 화장대 앞에 앉아 얼굴에 콜드크림을 두껍게(○)/두텁게 바르고 있었다.

이를 보고 있던 아들이 궁금한 듯 엄마에게 물었다.

아들 : 엄마, 뭐하는 거야?

엄마 : 응, 엄마가 예뻐지려고 그러는 거야.

잠시 후 엄마가 화장지로 콜드크림을 닦아 내자, 아들이 말했다.

아들 : 엄마, 왜 닦아 내? 벌써 포기하는 거야?

바로 쓰기

두께가 보통보다 더 클 때는 '두껍다'는 말을 씁니다. 믿음이나 관계, 인정 따위가 굳고 깊을 때는 '두텁다'는 말을 써요. 굳거나 깊다는 말을 대신 써 보아서 말이 되면 '두텁다'를 쓰면 되겠지요. 거꾸로 말이 안 되면 '두껍다'를 쓰면 됩니다. 예를 들어, '깊은 우정'이 말이 되잖아요? 그럼 '두꺼운 우정'이 아니라 '두터운 우정'이라고 쓰면 되지요.

더 알아보기

- 추워서 옷을 **두껍게** 입었다.
- 귤껍질이 **두껍다**.
- 친구와 싸운 뒤로 우정이 더욱 **두터워졌어요**.
- 마을 사람들의 **두터운** 신임을 바탕으로 전봉준은 장군이라는 이름을 얻었어요.

| 들르다   ?   들리다 |

종류가 너무 많아

어느 무더운 여름날, 빙구가 아이스크림 가게에 들렀다(○)/들렸다. 사람이 무척 많아 한참을 기다려서야 빙구 차례가 되었다.

빙구 : 이거하고, 저거하고, 조거 주세요.

점원 : 손님, 바쁘니까 이름을 말해 주실래요?

그러자, 빙구가 고개를 끄덕하더니,

빙구 : 전 빙군데요, 이거하고, 저거하고, 조거 주세요.

점원 : 손님, 그게 아니라요, 각각 이름을 말하라고요.

빙구 : 아하, (고개를 끄덕하더니) 전 빙군데요, 이거 주시고요. 전 빙군데요, 저거 주시고요, 전 빙군데요, 조거 주세요.

바로 쓰기

지나는 길에 잠깐 방문하는 것을 '들르다'라고 해요. '들르니', '들러', '들렀다'라고 씁니다. 흔히 '집에 들렸다 가라' 또는 '도서관에 들려 책을 빌렸다' 등으로 쓰는데, 이것은 잘못이에요. '들렸다'나 '들려'는 '들리다'에서 온 말이기 때문이에요. '들리다'는 다른 뜻의 말이라는 것, 다들 알고 있겠지요?

더 알아보기

- 지나는 길에 한번 **들러라**.
- 나는 서점에 **들렀다가** 친구를 만났다.
- 좀 더 크게 말해 볼래? 잘 안 **들려**.
- 스피커 성능이 좋아서 멀리서도 아주 잘 **들린다**.

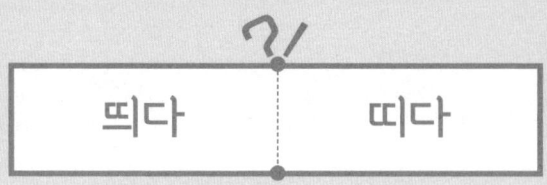

딸꾹질 멈추는 약

눈에 띄게(○)/띠게 얼굴이 하얀 남자가 약국을 찾았다.

남자 : 딸꾹질 멈추는 약 좀 주세요.

여약사 : 예, 잠시만요.

여약사는 잠시 약을 찾는 체하더니 갑자기 남자의 뺨을 철썩 후려쳤다.

여약사 : (히죽거리며) 어때요? 딸꾹질이 멎었지요?

남자 : (여약사를 빤히 쳐다보며) 나 말고 우리 아내요.

바로 쓰기

'띄다'는 '눈에 보인다' 또는 '남보다 훨씬 두드러진다'는 뜻이에요. '뜨이다'의 준말이라고 생각하면 헷갈리지 않을 거예요. '띠다'는 '용무나 직책, 사명 따위를 지니다'는 뜻이에요. 또, '띄우다'라는 말도 있는데, 이것은 '뜨다'에서 온 말입니다.

더 알아보기

- 숙제에 가끔 틀린 글자가 눈에 **띄었어요**.
- 산을 내려오니 그제야 마을이 눈에 **띄었어요**.
- 우리는 역사적 사명을 **띠고** 이 땅에 태어났다.
- 잠시 허리를 펴고 서서 붉은빛을 **띤** 노을을 바라보았습니다.
- 미국에 가면 꼭 편지를 **띄우세요**.
- 연못에 종이배를 **띄우고** 놀았어요.

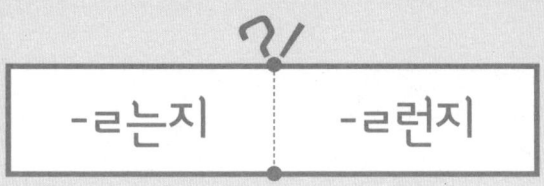

국어 선생님

국어 선생님인 사오정이 아이들과 수업을 하고 있었다.

수업 중 교과서에 '도토리묵'이라는 단어가 나오자, 사오정은 수업을 멈추고는 회상에 잠기더니 불쑥 말을 이었다.

사오정 : 얘들아, 선생님은 묵만 보면 선생님이 학교 다닐 때 읽었던 유명한 소설이 생각난단다.

아이들은 선생님이 무슨 말을 할는지(○)/할런지 몰라 긴장한 얼굴로 선생님을 빤히 바라보았다. 사오정은 칠판으로 가더니 소설 제목을 적었다.

헤밍웨이, 《묵이여, 잘 있거라》

바로 쓰기

'-ㄹ는지'는 앞으로 어떻게 될지 답을 모를 경우에 쓰는 말이지요. '-ㄹ런지', '-ㄹ른지'라고 쓰는 사람도 많지만, 둘 다 틀린 말이랍니다. 물론 싸이의 노래에 나오는 가사 '알랑가 몰라'의 '-ㄹ랑가'도 사투리입니다.

더 알아보기

▫ 비가 **올는지** 습한 바람이 불기 시작했다.

▫ 손님이 **올는지** 까치가 아침부터 울고 있다.

▫ 앞으로 무슨 일이 일어**날는지** 누가 알겠니?

▫ 그곳에 가면 아버지를 만날 수 **있을는지**.

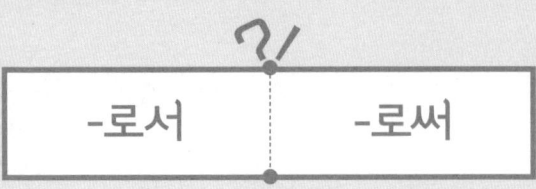

거짓말

어느 목사가 주일 예배를 끝내며 말했다.

"다음 주에는 '거짓말'에 대해서 설교하겠습니다. 진실한 신도로서(○)/로써 거짓말하는 분은 없기를 바랍니다. 주제와 관련 있는 마가복음 17장을 꼭 읽어 오시기 바랍니다."

다음 주가 되었다. 목사는 설교를 시작하기 전에 마가복음 17장을 읽어 온 사람은 손을 들라고 했다. 한 명도 빠짐없이 모든 사람의 손이 올라갔다. 그러자 목사가 설교를 시작했다.

"오늘은 바로 여러분 같은 사람들을 주제로 설교하겠습니다. 성경에 마가복음 17장은 없답니다."

바로 쓰기

'-로서'는 지위나 신분 또는 자격을 나타내는 말이에요. '-로서'를 '-로써'라고 된소리로 발음하는 사람들이 많아요. 그러다 보니 더 헷갈리지요? '-로써'는 어떤 일의 수단이나 도구를 나타내는 말인데, '-을 가지고'라는 뜻이지요. '-로'보다 뜻을 더 분명히 할 때 쓰이지요. '-을 가지고'라고 바꿔 써 봐서 말이 되면 '-로써'가 맞구나, 하고 생각하면 되겠어요.

더 알아보기

- 언니는 아버지의 딸**로서** 부족함이 없다고 생각했다.
- 말**로써** 천 냥 빚을 갚는다고 한다.
- 국민의 한 **사람으로서** 나는 할 일을 다 했습니다.
- 콩으**로(써)** 메주를 쑨다고 해도 안 믿는다.

| 맞히다 | 맞추다 |

생물 시험 문제

생물 시험에 이런 문제가 나왔다.

"다음 발 모양을 보고 새의 이름을 쓰라."

문제를 풀던 맹구가 자리에서 일어나 선생님에게 다가갔다.

맹구 : 선생님, 도대체 발 모양만 보고 어떻게 새의 이름을 맞히란(○)/맞추란 말입니까?

선생님 : 인마, 다른 학생들은 다 아는 문제야. 네 이름이 뭐야?

그러자 맹구는 발을 교탁 위에 턱 올려놓고 말했다.

맹구 : 자, 맞혀(○)/맞춰 보시지요.

바로 쓰기

'맞히다'는 '정답을 알아서 맞게 하다'는 뜻이에요. '맞추다'는 '서로 떨어져 있는 것을 대어 붙이다.' 또는 '서로 비교하여 살펴보다'는 뜻이지요. 둘을 구별해서 써야 해요. 또, '알아맞히다'라는 말은 있지만, '알아맞추다'라는 말은 없어요.

더 알아보기

- 그 학생은 어려운 문제의 답을 **맞혔다**.
- 할머니는 하늘을 보고 내일 날씨를 알아**맞혔어요**.
- 왕자는 신데렐라에게 입을 **맞추었어요**.
- 학생들은 정답과 자기가 쓴 답을 서로 **맞추어** 보았어요.
- 영만이는 열 문제 중에서 겨우 세 문제만 답을 **맞혔어요**.

| 며칠 | 몇 일 |

개와 변호사

변호사가 기르는 개가 동네 정육점에 슬쩍 들어오더니, 쇠고기 한 덩어리를 물고 달아났다. 정육점 주인이 변호사를 찾아갔다.

정육점 주인 : 변호사님, 상담할 것이 있어서 왔습니다.

변호사 : 말씀하시지요.

정육점 주인 : 개가 고기를 물고 달아났을 경우, 고기 값을 개 주인에게서 받을 수 있나요?

변호사 : 물론 받을 수 있습니다.

정육점 주인 : 그럼 저에게 만 원을 주십시오. 변호사님이 기르는 개가 조금 전에 우리 가게에서 쇠고기 한 덩어리를 물고 달아났습니다.

변호사 : 아, 그래요? 여기 만 원 있습니다.

정육점 주인은 만 원을 받아들고 기쁘게 가게로 돌아왔다.

그런데 며칠(○)/몇 일이 지난 후 정육점 주인은 변호사가 보낸 편지를 한 통 받았다. 그 안에는 청구서가 들어 있었다.

변호사 상담료 : 10만 원

바로 쓰기

'몇 년', '몇 월'이라고 쓰기 때문에 '몇 일'이라고 알고 있는 사람이 많아요. 하지만 '며칠'이 맞는 표기입니다. '몇 일'이 맞다면 [며딜]이라고 소리 내어 읽어야 할 거예요. 그러나 [며칠]이라고 소리 내어 읽기 때문에 '며칠'이라고 쓰는 것이 맞아요. '몇 날'이라는 뜻으로 쓸 때는 '몇 일'이라고 적어야 한다고 주장하는 사람도 있지만, '며칠'에 이미 '몇 날'이라는 뜻이 들어 있기 때문에 굳이 구분해서 쓸 필요가 없답니다. 다시 말해 항상 '며칠'이라고 쓰면 됩니다.

더 알아보기

- 오늘이 몇 월 **며칠**이지?
- 보통으로 부치면 **며칠**이나 걸리나요?
- 지난 **며칠** 동안 비가 계속 내렸어요.

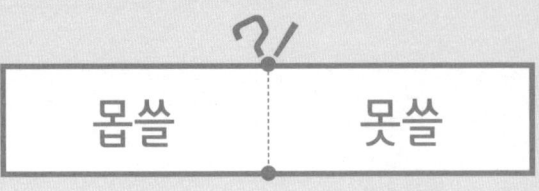

구두쇠의 유언

대형 슈퍼마켓을 운영하고 있는 어느 구두쇠가 몹쓸(○)/못쓸 병에 걸려 죽게 되었다. 온 가족이 모여 있는 자리에서 구두쇠가 입을 열었다.

"여보, 마누라. 어디 있소?"
"영감, 저 여기 있어요. 흑흑흑."
"첫째하고 둘째는 어디 있니?"
"아버지, 저희 여기 있습니다."
"그럼, 막내는?"
"아빠, 저도 여기 있어요."
그러자 구두쇠가 번쩍 눈을 뜨면서 이렇게 소리질렀다.

"이런, 망할 놈들, 그럼 슈퍼는 누가 봐!"

바로 쓰기

'몹쓸'은 '악독하고 고약한'이라는 뜻을 나타내는 말이에요. '못쓰다'는 얼굴이나 몸이 축나는 것, 또는 옳지 않은 상태를 나타내는 말이지요. 뜻이 서로 통하기 때문일까요? 잘못 쓰는 사람이 많은데, 구별해서 써야겠어요.

더 알아보기

- 나는 술이 취해 아이에게 **몹쓸** 소리를 마구 해 대고 말았다.
- 이런 **몹쓸** 사람! 어디 갔다 이제야 왔나?
- 거짓말을 하면 **못써**.
- 며칠 밤을 새우더니 얼굴이 **못쓰게** 되었다.

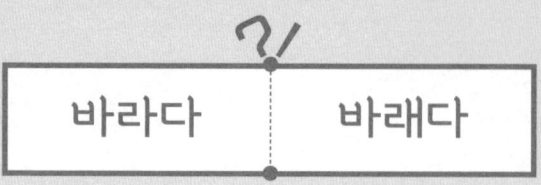

오해

거실에서 아내가 노래를 시작하자, 남편이 베란다로 나가 버렸다. 아내가 말했다.

아내 : 왜 내가 노래 부를 때마다 베란다로 나가는 거예요? 제 노래가 그렇게 듣기 싫은가요?

남편 : 아니야. 난 그저 이웃 사람들이, 내가 당신을 때리고 있는 것이 아니라는 사실을 알아주기를 바랄(○)/바랠 뿐이라고.

바로 쓰기

바람대로 어떤 일이나 상태가 이루어지거나 그렇게 되었으면 하고 생각하다는 뜻의 말은 '바라다'예요. 그래서 '바래다', '바램' 등은 모두 틀린 말이에요. '바래다'는 '볕이나 습기를 받아 색이 변하다' 또는 '볕에 쬐거나 약물을 써서 빛깔을 희게 하다'는 뜻의 말이에요. 구별해서 써야겠어요. 비슷하게 많이들 틀리는 말로 '같애'가 있어요. '같아'라고 써야 맞는 표현입니다.

더 알아보기

- 네가 성공하길 **바란다**.
- 어머니는 자식이 성공하기를 **바랐다**.
- 우리는 모두 어머니의 **바람**이 이루어질 것이라고 생각해요.
- 이번에는 내가 틀린 것 **같아**.

바치다	받치다

위에 딴 사람 안 계세요?

어떤 목사가 혼자 등산을 하다 발을 헛딛는 바람에 절벽 밑으로 굴러 떨어졌다. 목사는 위급한 상황에서도 용케 손을 뻗쳐 절벽 중간에 있는 소나무 가지를 움켜쥐었다. 소나무 가지에 대롱대롱 매달린 채 목사는 절벽 위에 대고 소리를 질렀다.

"사람 살려! 위에 아무도 없습니까?"

그러자 위에서 목소리가 들렸다.

"아들아! 염려 마라. 내가 여기에 있노라!"

목사가 "누구십니까?"하고 물으니, "나는 하느님이다."라는 대답이 들렸다. 목사는 다급한 목소리로 소리를 질렀다.

"하느님, 저를 구해 주시면 하느님을 위해 목숨이라도 바치겠습니다(○)/받치겠습니다."

"좋다. 그러면 그 나무를 놓아라."

"아니, 이걸 놓으면 저는 떨어져 죽습니다."

"아니다. 나를 믿고, 그 나무를 놓아라!"

그러자 목사님은 잠시 침묵을 지키다가 소리쳤다.

"위에 하느님 말고 누구 딴 사람 안 계세요?"

바로 쓰기

'바치다'는 웃어른에게 정중하게 드린다는 뜻이고, '받치다'는 물건의 밑이나 옆 따위에 다른 물체를 댄다는 뜻이지요. 발음이 비슷해서 많이들 헷갈려하는 낱말이지요. 글씨를 쓸 때 사용하는 '책받침'이나 한글의 아래에 받쳐 적는 글자 '받침'을 생각해 보면 덜 헷갈리겠지요.

더 알아보기

- 통일을 이루는 데 제 몸과 마음을 다 **바치겠습니다**.
- 쟁반에 커피를 **받치고** 조심조심 걸어갔습니다.
- 슬기는 활짝 웃고 있는 자기 사진을 **책받침**으로 만들었어요.
- 한글을 배울 때는 **받침**이 제일 어려웠어요.

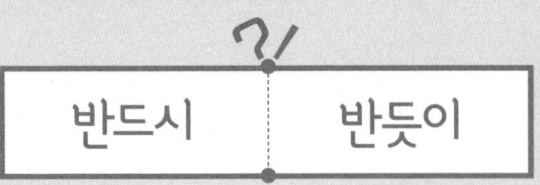

먼저 해야 할 일

어느 시골 교회에서 목사님이 아이들에게 말했다.

목사 : 얘들아, 하나님께서 우리 죄를 용서해 주시도록 하려면, 그전에 먼저 우리가 반드시(○)/반듯이 해야 할 일이 뭘까?

그러자, 영구가 손을 번쩍 들었다.

영구 : 먼저 죄를 지어야 합니다!

바로 쓰기

'반드시'는 '틀림없이 꼭'이라는 뜻이고, '반듯이'는 '비뚤어지지 않고 바르게'라는 뜻이에요. '반듯하다'라는 낱말을 생각하면 틀리지 않을 거예요.

더 알아보기

- **반드시** 시간에 맞추어 오너라.
- 식사 전에는 **반드시** 손을 씻어야 해요.
- 아주머니는 **반듯이** 몸을 누이고 천장을 향해 누워 있었다.

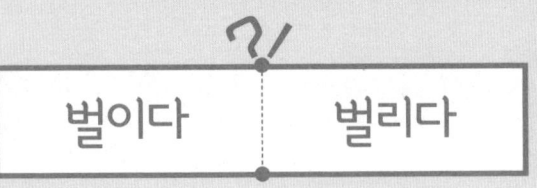

독서 토론

나른한 오후, 어느 정신 병원의 독서 시간. 몇몇 환자들이 두꺼운 책을 앞에 두고 열띤 토론을 벌이고(○)/벌리고 있었다.

환자 1 : 이 책은 너무 나열식이에요.

환자 2 : 맞아요. 게다가 등장인물이 너무 많아서 산만해요.

환자 3 : 등장인물이 화려하긴 하지만, 줄거리가 빈약해요.

토론이 열기를 더해 갈 때, 간호사가 문을 열고 고개를 들이밀었다.

간호사 : 여기 전화번호부 가져간 사람 있어요?

바로 쓰기

일을 계획하여 시작하거나 펼쳐 놓는 것을 '벌이다'라고 해요. 주로 '일을 벌이다', '판을 벌이다'처럼 사용하지요. '벌리다'는 둘 사이를 넓힌다는 뜻이에요. '너는 왜 그렇게 일 벌리기를 좋아하니?'에서처럼 '벌이다'를 쓸 자리에 '벌리다'를 쓰는 경우가 많은데, 잘못입니다.

더 알아보기

- 마을 사람들은 소를 잡아 잔치를 **벌였어요**.
- 너는 왜 이렇게 일 **벌이기**를 좋아하니?
- 맹구는 입을 크게 **벌렸어요**.
- 지하철에서 다리를 너무 넓게 **벌리고** 앉으면 안 돼요.

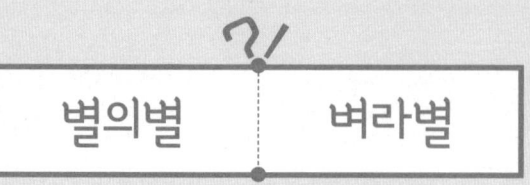

| 별의별 | 벼라별 |

이왕이면 예쁘게

빙순이가 병원에 엑스레이를 찍으러 왔다.

기사 : 자, 여기 서서 숨을 멈추세요.
빙순 : 기사님, 예쁘게 찍어 주세요.

기사, 별의별(○)/벼라별 환자 다 보겠다며 엑스레이 촬영을 끝냈다. 그러자,

빙순 : 기사님, 잘 나온 것 있으면 컬러로 하나 뽑아 주실래요?

바로 쓰기

보통과 다른 갖가지의 뜻으로 쓰는 말은 '별의별' 또는 '별별'이에요. 이것을 '벼라별'이나 '벼레별'로 쓰는 것은 잘못이에요.

더 알아보기

- **별의별** 생각이 다 들어 늦도록 잠을 이루지 못했다.
- 도둑들은 제 세상을 만난 듯 **별의별** 못된 짓을 다 하고 있었다.

| 본뜨다 | 본따다 |

아메리카를 발견한 사람

선생님이 지구본을 들고 학생들에게 물었다.

"이것은 지구를 본떠(○)/본따 만든 지구본이에요."

아이들 눈이 동그래졌다.

"여기에서 아메리카 대륙을 찾을 수 있는 사람?"

그러자, 철수가 가장 먼저 손을 들었다.

"여기요."

철수가 정확하게 아메리카 대륙을 가리켰다. 선생님이 또 물었다.

"그럼, 여러분! 아메리카 대륙을 발견한 사람은 누구지요?"

그러자 학생들이 입을 모아 소리쳤다.

"철수요!"

바로 쓰기

'본'은 '본보기'라는 뜻이고, '본뜨다'는 '무엇을 본보기로 삼아 그대로 좇아 하다' 또는 '이미 있는 대상을 본으로 삼아 그대로 좇아 만든다'는 뜻이에요. '따다'라는 낱말에 '글이나 말 따위에서 필요한 부분을 뽑아 취하다'라는 뜻이 있어서 그런지, '본따다'로 알고 있는 사람이 많은데, '본따다'는 틀린 말이에요. '본떠', '본뜨니' 등으로 사용하지요. '본을 따니'라고 쓰는 사람은 별로 없겠지요? '본을 뜨니'라고 쓰는 게 맞아요.

더 알아보기

- 아이들은 부모의 행동을 **본뜨게** 마련이에요.
- 훌륭한 사람을 **본뜨도록** 가르쳐 주세요.
- 남의 그림을 **본떠서** 그린 그림은 가치가 없다.
- 이 무늬는 봉황을 **본뜬** 것이에요.

| 부서지다 | 부쉬지다 |

그것도 몰라?

엄마와 누나는 설거지를 하고 있고, 아빠와 아들은 방을 치우고 있었다. 그때 부엌에서 '쨍그랑' 뭔가 부서지는(○)/부쉬지는 소리가 났다.

아빠 : 누가 접시를 깼구먼. 누가 깼는지 보고 와라.

아들 : 아빠는 그것도 몰라?

아빠 : 너는 알아?

아들 : 엄마가 아무 말도 안 하잖아!

바로 쓰기

물건이 깨어져 여러 조각이 나는 것을 '부서지다'라고 해요. '부수다'에서 온 말로 보고, '부숴지다'라고 쓰는 사람이 있는데, '부서지다'가 맞는 말이에요. '부수다'라는 말이 생기기 이전에 이미 '부서지다'라는 말이 있었답니다. 그래서 '부서져' 또는 '부수어'라고 구별해서 써야 하지요. '부셔 버릴 거야'라는 텔레비전 드라마 대사 때문에 '부시다'라고 발음하는 사람들도 있어요. 하지만 '부시다'는 그릇 따위를 씻어 깨끗하게 한다는 뜻의 낱말이지요.

더 알아보기

- 돌이 **부서지다**.
- 돌에 맞아 유리가 산산이 **부서졌어요**.
- 동생이 내 장난감을 **부수어** 버렸어요.

| 북받치다 | 북바치다 |

엄마의 슬픔

엄마와 딸이 TV를 보는데, 성형 수술에 대한 얘기가 나왔다. 갑자기 딸이 엄마에게 말했다.

딸 : 엄마, 열 달 동안 고생해서 낳은 자식이 못생겼으면 정말 속상할 거야.

엄마 : (북받치는(○)/북바치는 슬픔을 누르며) 이제야 내 맘을 알겠니?

바로 쓰기

속에서 감정이나 힘 따위가 세차게 치밀어 오를 때, '북받치다'라는 말을 써요. 작은말로는 '복받치다'고 하지요. '작은말'이란 낱말의 뜻은 큰말과 같으나 느낌이 작고, 가볍고, 밝고, 강하게 들리는 말을 말해요. '북받치다'와 비슷한말로는 '끓어오르다', '치받치다', '치밀다' 같은 말이 있어요. '북바치다', '북받히다'는 모두 틀린 말이에요.

더 알아보기

- 순이는 **북받쳐** 오르는 감정을 이기지 못해 눈물을 흘렸어요.
- 김 선생은 서러움이 **북받치는지** 울먹이며 말끝을 흐렸다.
- 영희는 **복받치는** 울분을 참고 어금니를 물었어요.

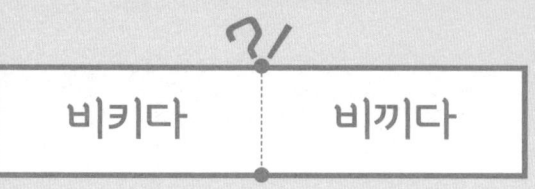

저리 비켜!

안개가 심하게 낀 밤, 조심스럽게 항해를 계속하던 선장은 불빛 하나가 다가오는 것을 발견했다. 선장은 충돌을 방지하기 위해 무전기에 대고 소리쳤다.

선장 : 방향을 20도만 틀라!

불빛 : 당신들이 틀라!

선장 : 난 선장이다!

불빛 : 난 소장이다!

선장은 화가 머리끝까지 났다.

선장 : 이 배는 대형 구축함이다. 얼른 비켜(○)/비껴!

불빛 : 여기는 등대다. 마음대로 하라.

바로 쓰기

'비키다'는 앞에 있는 어떤 것을 피해서 지나가거나 옮겨 가는 것을 뜻합니다. 비슷한말로 '물러나다', '비켜서다', '양보하다', '물러서다', '피하다' 등이 있어요. '따르릉, 따르릉, 비켜나세요'라는 가사에 나오는 '비켜나다'와 비슷한말이지요. '비끼다'는 어떤 것에 대해 비스듬하게 또는 조금 옆으로 벗어난 방향으로 지나가는 것을 뜻합니다.

더 알아보기

- 물웅덩이를 피해 **비켜** 갔어요.
- 자동차가 다가와서 옆으로 **비켜**났어요.
- 태풍이 우리나라를 **비껴**갔다.
- '칼을 **비껴** 찼다'는 것은 '칼을 비스듬하게 찼다'는 뜻이에요.

| 빈털터리 | 빈털털이 |

하느님에게는 별거 아니야

어느 날, 놀고먹다가 빈털터리(○)/빈털털이가 된 덩달이가 하느님에게 말했다.

덩달이 : 하느님, 사람에게는 10억 년이 하느님에게는 1초밖에 안 된다면서요?
하느님 : 물론이다.
덩달이 : 그럼 사람의 10억 원은 하느님에게는 1원이겠네요?
하느님 : 당연하지.
덩달이 : 그럼 저에게 1원만 주시면 안 될까요?
하느님 : 오냐, 알았다. 그럼 1초만 기다려 다오.

바로 쓰기

아무것도 가진 것이 없는 가난뱅이를 '빈털터리'라고 하지요. 뭔가를 '털털' 턴다는 말에서 '빈털털이'라고 쓰기 쉽지만, '빈털터리'라고 써야 맞답니다.

더 알아보기

▫ 화수분은 집 한 칸도 없는 **빈털터리**였어요.
▫ 그런 여자가 저 같은 **빈털터리**를 거들떠나 보겠습니까?

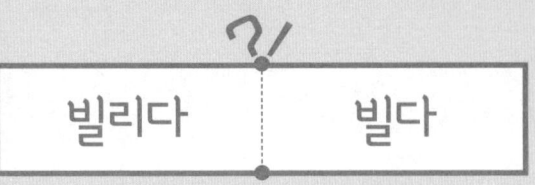

어느 백만장자

어느 백만장자가 기자와 인터뷰를 하게 되었다.

기자 : 누구 때문에 백만장자가 되었습니까?

백만장자 : 모든 게 아내 덕입니다. 이 자리를 빌려(○)/빌어 고마움을 전하겠습니다.

기자 : 우아~ 부인이 대단하시네요. 결혼 전엔 어땠습니까?

백만장자 : 결혼 전엔 억만장자였소.

바로 쓰기

남의 물건 따위를 나중에 도로 돌려주기로 하고 얼마 동안 쓰거나, 어떤 일을 하기 위해 기회를 이용하는 것을 '빌리다'라고 해요. '빌어'는 '빌다'에서 온 말로 소원이나 용서를 빌 때 쓰는 말이지요.

더 알아보기

▫ 순돌이 아버지는 장사를 하기 위해 은행에서 돈을 **빌렸습니다**.

▫ 이 자리를 **빌려** 감사의 말씀을 드립니다.

▫ 남의 도움을 **빌려서** 일을 할 생각은 하지 마라.

▫ 잘못했다고 용서를 **빌었어요**.

▫ 부인은 아들을 낳게 해 달라고 산신령에게 **빌었어요**.

빨간색	빨강색

손자가 귀여워서

할머니가 5살짜리 손자 순돌이에게 색깔 이름을 가르쳐 주고 있었다.

할머니 : 순돌아, 이 전화기 색깔이 뭐지?
순돌 : 빨간색(○)/빨강색.
할머니 : 그럼, 저 시계는?
순돌 : 노란색(○)/노랑색.

할머니는 순돌이가 대답하는 것이 귀여워 자꾸 물어보았다. 그러자, 귀찮아진 순돌이,

순돌 : 할머니, 나한테 자꾸 물어보지 말고, 할머니도 유치원에 가. 유치원 가면 선생님이 다 가르쳐 줘.

바로 쓰기

'빨강'은 빨간 빛깔을 나타내는 말로, '빨간색'과 같은 말입니다. 그러므로 '빨강색'이라고 쓸 필요가 없지요. 이것은 노랑, 검정, 파랑의 경우에도 마찬가지입니다.

더 알아보기

- 내가 좋아하는 옷은 검정 바탕에 **노랑** 줄무늬가 있는 옷이에요.
- 맹구는 **파란색**을 가장 좋아해요.

| 뻗치다 | 뻐치다 |

한국 메뚜기

일본에서 관광객이 놀러 왔다. 한국 가이드가 그를 동물원으로 데리고 가서 호랑이를 보여 줬다. 일본 관광객 왈,

"호랑이? 한국 호랑이는 이렇게 작스무니까? 일본 호랑이는 집채만 하무니다."

'쪽바리들 짜증나네. 으……'

열 받은 가이드, 이번엔 코끼리를 보여 줬다. 그랬더니 일본 관광객 왈,

"코끼리? 한국 코끼리는 이렇게 작스무니까? 일본 코끼리는 산만 하무니다."

화가 머리끝까지 뻗친(○)/뻐친 한국 가이드.

'짜증 지대루네. 으으으……'

다음 코너로 데려갔다. 캥거루가 열심히 이리저리 뛰어다니고 있었다. 일본 관광객 왈.

"저건 머니뭅니까?"

그러자 한국 가이드.

"메뚜기다, 짜샤!"

바로 쓰기

'뻗치다'가 맞는 말이에요. '뻗다'를 강조해서 쓰는 말이지요. '뻗다'는 원래 '가지나 덩굴, 뿌리 따위가 길게 자라나다' 또는 '기운이나 사상이 나타나거나 퍼지다'라는 뜻이에요. '온몸에 기운이 뻗친다'고 하면 기운이 마치 산줄기처럼 온몸으로 퍼져 나가는 것이 연상되지요? '뻐치다'라는 말은 없는 말이랍니다.

더 알아보기

- 분수대에서는 물줄기가 위로 시원하게 **뻗치고** 있었어요.
- 태백산맥은 남북으로 길게 **뻗쳐** 있다.
- 기운이 온몸에 **뻗치다**.
- 새로운 유행이 젊은이들 사이에서 급속하게 **뻗치고** 있어요.

| 삼가다 | 삼가하다 |

맹구는 효자

맹구가 학교에서 성적표를 받았다. 당연히 부모님께 보여 드릴 수가 없어서 확인 도장을 받지 못했다.

선생님 : 뭐야, 맹구? 왜 부모님 확인 도장 안 받아 왔어?

맹구 : 저는 선생님이 말씀하신 대로 했을 뿐입니다.

선생님 : 무슨 말이야?

맹구 : 부모님 걱정을 끼쳐 드리는 일은 삼가야(○)/삼가해야 한다고 하셔서, 성적표를 보여 드리지 않았습니다.

바로 쓰기

'삼가다'는 말과 행동을 조심한다는 뜻이에요. 아무래도 '-하다'가 붙는 말이 많아서 그런지 '삼가하다'라고 알고 있는 사람들이 무척 많아요. 그러나 '삼가하다'는 틀린 말이므로 삼가야 할 말이에요. '겸손하고 조심하는 마음으로 정중하게'라는 뜻으로 '삼가'라는 말도 많이 쓰입니다.

더 알아보기

- 어른 앞에서는 행동을 **삼가야** 한다.
- 입 속에 음식이 있을 때에는 되도록 말을 **삼가며**, 예절 바른 태도로 먹도록 한다.
- 이곳에서는 흡연을 **삼가** 주시기 바랍니다.
- 회의 중에는 잡담을 **삼가시기** 바랍니다.
- **삼가** 고인의 명복을 빕니다.

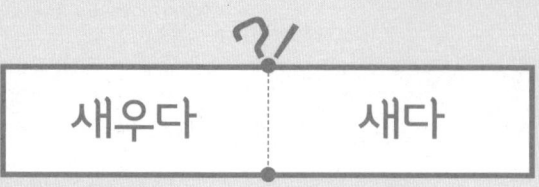

경찰 없어요

어떤 부부가 건축 자재를 배달하고 있었다. 하루는 물량이 너무 많아 밤을 새워서(○)/새서 트럭에 짐을 실었는데, 높이가 5m나 되었다. 부부가 트럭을 몰고 길을 가다가 어떤 터널 앞에 이르렀다.

남편이 아내에게 내려서 한번 확인해 보라고 했다. 그런데 터널 높이가 4.5m였다.

아내가 두리번두리번 주위를 살펴보더니, 트럭에 올라 하는 말,

"까짓것, 경찰도 없는데, 그냥 통과해 버려요!"

바로 쓰기

한숨도 자지 아니하고 밤을 지내다의 뜻으로 쓰는 말은 '새우다'예요. 비슷한말로 '지새우다', '밝히다'라는 말이 있어요. 잘 쓰이지는 않지만 '패다'라는 말도 밤을 새운다는 뜻이에요. '새다'라는 말은 날이 밝아 온다는 뜻이지요. '밤이 새다', '날이 새다' 등으로 쓰이지요. '밤을 새다'라는 말은 잘못 쓴 말이지요.

더 알아보기

- 덩달이는 책을 읽느라고 뜬눈으로 밤을 **새웠어요**.
- 오랜만에 친구들을 만나 밤을 **패고** 놀았어요.
- 어느덧 날이 **새는지** 창문이 뿌옇게 밝아 온다.
- 그날 밤이 **새도록** 안동댁은 그동안 있었던 일을 하나하나 다 이야기했습니다.

| 설레다 | 설레이다 |

자기, 사랑해!

설레는(○)/설레이는 마음으로 한 커플이 커피숍에서 데이트를 하고 있었다. 그런데 여자가 갑자기 방귀를 뀌고 싶었다.

여자는 좋은 수가 없을까, 하고 한참을 고민하다가 '사랑해!' 하고 큰 소리로 외치며 방귀를 뀌기로 했다. '너무 기발한 아이디어야!'라고 생각하면서.

여자 : (남자에게 꼭 안기며) 자기, 사랑해!

방귀가 뽕, 터지고 여자가 성공이다,라고 생각한 순간,

남자 : 응? 뭐라고? 방귀 소리 때문에 못 들었어!

바로 쓰기

마음이 가라앉지 아니하고 들떠서 두근거리다는 뜻을 가진 말은 '설레이다'가 아니라 '설레다'입니다. 그러므로 '설레여', '설레였다'라고 쓰면 안 되고, '설레어', '설레었다'라고 써야 해요. 마찬가지로 '날이 개이다', '국물에 데였다', '몸에 배인'도 각각 '날이 개다', '국물에 데었다', '몸에 밴'으로 써야 하지요.

더 알아보기

- 내일 소풍을 간다고 생각하니 마음이 **설레어서** 잠이 오지 않는다.
- 그 영화는 언제 봐도 가슴을 **설레게** 한다.
- 슬기의 마음은 슬펐지만, 골짜기의 하늘은 어느새 파랗게 **개어** 있었어요.
- 커피를 끓이려다가 끓는 물에 손을 **데고** 말았어요.

| 싹둑 | 싹뚝 |

당근 있어요?

어느 날, 문방구에 토끼가 찾아왔다.
"아저씨, 당근 있어요?"
"당근? 없는데."
다음 날, 토끼가 또 찾아왔다.
"아저씨, 당근 있어요?"
"당근, 없다니까. 문방구에 무슨 당근이 있어?"
그런데 다음 날, 토끼가 또 찾아왔다.
"아저씨, 당근 있어요?"
"없다니까. 이 녀석, 너 한 번만 더 오면 가위로 귀를 싹둑(○)/싹뚝 잘라 버릴 거야."
그런데 그 다음 날, 토끼가 다시 찾아왔다.
"아저씨, 가위 있어요?"
"(응? 웬일이지?) 가위? 가위가 다 팔리고 없네."

"아저씨, 그럼 당근 있어요?"

바로 쓰기

단번에 자르거나 베는 소리나 모양은 '싹둑'이나 '삭둑'으로 써요. [싹뚝]이라고 두 번째 글자가 된소리로 소리가 나기는 하지만, 'ㄱ, ㅂ' 받침 뒤에서는 된소리로 적지 않아요. 마찬가지로 '국수', '깍두기', '몹시', '맵시' 등도 ㄱ, ㅂ 받침 뒤에서 된소리가 나는 경우이기 때문에 된소리로 적지 않습니다. 다만, '똑똑'이나 '꼿꼿'처럼 같거나 비슷한 소리가 올 때에는 된소리로 적는답니다.

더 알아보기

☐ 무를 **싹둑** 자르다

☐ 머리를 **싹둑** 자르니까 학생처럼 보여요.

☐ 오늘 점심은 **국수**를 먹기로 하지요.

☐ 우리 어머니는 **맵시**가 좋기로 유명했습니다.

| 아무튼 | 아뭏든 |

쓰임새 많은 목소리

성악가가 꿈인 학생이 있었다. 그래서 대학교 성악과 교수님을 찾아가 테스트를 받기로 했다.

교수 : 열정이 대단하군. 우선 노래 한 곡 불러 보게.

학생이 노래를 마치고 나서,

학생 : 교수님, 제 목소리가 어떤가요?

교수 : 응, 아무튼(○)/아뭏든 쓰임새가 많겠어. 불이 났거나 도둑이 들었을 때 말이야.

바로 쓰기

'아무튼'은 '일이 어떻게 되어 있든'이라는 뜻으로 '하여튼', '어쨌든'과 비슷한 말이에요. 소리 나는 대로 적어야 맞아요. 이와 비슷한 경우로, '결단코', '무심코', '요컨대', '정녕코', '하마터면', '한사코' 등이 있어요. 모두 소리 나는 대로 적어야 해요. '하여튼' 대신 '여튼'이라고 쓰는 사람들이 있는데, '여튼'은 표준어가 아니랍니다.

더 알아보기

- **아무튼** 그렇게까지 날 생각해 주니 고맙네.
- **아무튼** 나는 그 애를 꼭 만나 봐야 한다.
- 공부는 잘하는지 모르겠지만, **여하튼** 잘생기긴 했어요.
- **어쨌든** 빨리 와서 보세요.

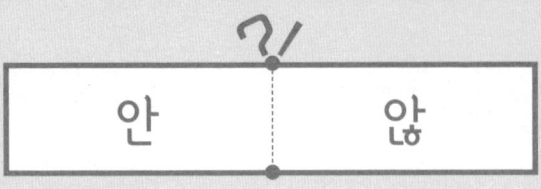

스포츠카와 닭

한 남자가 새로 산 스포츠카를 타고 길을 달리고 있었는데, 놀랍게도 닭 한 마리가 엄청난 속도로 스포츠카를 앞질러 달리는 것이었다. 남자도 속도를 높여 달렸는데 닭은 이 차를 따돌리고 사라져 버렸다. 남자가 이 닭의 주인을 찾아가 말했다.

"그 닭을 100만 원에 파시오!"

주인은 고개를 절레절레 흔들었다.

"그럼 1000만 원에 파시오!"

주인은 막무가내였다. 열 받은 남자는,

"에이 그까짓 닭 한 마리 가지고! 좋아, 3000만 원에 내 차까지 줄 테니 파시오!"

그래도 주인은 고개만 가로로 저었다. 남자는 화가 나서

"도대체 안(○)/않 파는 이유가 뭐요?"

그러자 주인이 말하길

"잡혀야 팔지요."

바로 쓰기

'안'과 '않'은 헷갈리고 그만큼 잘 틀리는 말이지요. '안'은 '아니'의 준말이고, '않'은 '아니하'의 준말이에요. 원말을 대신 넣어 보면 어느 것이 알맞은 말인지 알 수 있을 거예요. '아니 파는'은 말이 되지만, '아니하 파는'은 말이 안 되잖아요. 그러니까 '안 파는'이 맞는 말이에요. 마찬가지로 '안 해', '안 돼'가 맞는 말이고, '하지 않다', '되지 않아'가 맞는 말이랍니다.

더 알아보기

- 충청도 아줌마는 수박을 **안** 판다고 했어요. 값을 더 쳐 주어도 팔지 **않**겠다고 했지요.
- 닭을 잡지 못해서, **안** 파는 게 아니라 못 파는 거예요.
- **안** 먹어요. 먹지 **않**겠다니까요.

| 안쓰럽다 | 안스럽다 |

바로 너 때문이야

환자가 죽어 간다고 해서 목사가 환자를 찾았다. 환자는 곧바로 숨이 넘어갈 듯이 헉헉거리며 말을 못하고 있었다. 환자의 모습이 무척이나 안쓰러워(○)/안스러워 목사가 물었다.

목사 : 마지막으로 하시고 싶은 말씀이라도 있으십니까?

환자가 두 팔을 허우적거렸다.

목사 : 말씀하시기가 힘들면 글로 써 보세요.

목사가 환자에게 연필과 종이를 주었다. 환자는 힘을 들여 종이에 뭐라고 썼다.

"발 치워. 당신이 내 호흡기 줄을 밟고 있어."

바로 쓰기

딱한 형편이 마음 아프고 가여울 때, '안쓰럽다'고 하지요. '가엽다', '딱하다', '불쌍하다' 등과 비슷한 말이랍니다. '사랑스럽다', '고생스럽다'처럼 '-스럽다'가 붙어서 된 말이 많기 때문에 '안스럽다'라고 쓰는 사람이 많은데, '안쓰럽다'가 맞는 말이랍니다. '안슬프다'라고 쓰는 사람도 가끔 있는데, '안슬프다' 역시 표준어가 아닙니다. 다만, '안쓰럽다'는 말은 자기보다 약하거나 어린 사람에게 쓰는 말이니까 가려서 써야 해요.

더 알아보기

- 성냥팔이 소녀의 모습이 **안쓰럽다**.
- 영주가 밤을 새워 일하는 모습을 보니 **안쓰러워서** 나도 잠을 잘 수가 없었다.
- 종일 서서 일하는 모습이 **안쓰러워서** 못 보겠어요.

| 어떡해 | 어떻게 |

여자의 심각한 증상

한 여자가 병원을 찾았다.

여자 : 선생님, 제가 방귀를 자주 뀌는데, 아무 냄새도 안 나고 아무 소리도 안 나요. 이거 무슨 큰 병 아닐까요? 선생님은 전혀 모르셨겠지만, 제가 방금도 세 번이나 방귀를 뀌었거든요.

의사 : (이맛살을 찌푸리며) 알겠습니다. 아주 심각하군요. 우선 이 약을 드시고 일주일 후에 오시지요.

일주일 후.

여자 : 선생님, 처방을 어떻게 하신 거예요? 이제 방귀에서 심한 냄새까지 나요. 어떡해요(○)/어떻게요?

의사 : 아, 그래요? 코는 고친 것 같으니까, 이번엔 귀를 고쳐 보도록 하지요.

바로 쓰기

'어떡해'는 '어떡하다'에서 온 말이고, '어떡하다'는 '어떻게 하다'의 준말이에요. 그러니까 '어떡해'는 '어떻게 해'의 준말인데, '어떻게'는 '어떠하다'가 줄어서 된 '어떻다'에 '-게'가 붙은 말이지요. '어떡해'와 '어떻게'는 발음이 비슷해 헷갈리기 쉽지만, 뜻도 서로 다르고 쓰임새도 많이 다르니까 잘 구별해서 써야 해요.

더 알아보기

- 선생님, 저는 이제 **어떡하면** 좋아요?
- 나 **어떡해**, 너 갑자기 가 버리면?
- 이 일을 **어떻게** 하지요?
- **어떻게** 해야 잘했다고 소문이 날까?

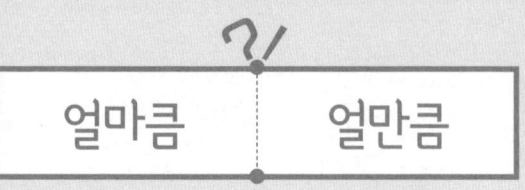

그녀의 과거

몸무게가 자꾸 늘어 고민인 한 여자가 병원을 찾았다. 의사가 질문을 던졌다.

의사 : 지금 몸무게가 어떻게 되지요?
여자 : 110킬로 정도 되는데요.
의사 : 그럼 몸무게가 가장 적게 나갔을 때는 얼마큼(○)/얼만큼 나갔나요?
여자 : 3킬로그램이요. 태어났을 때.

바로 쓰기

'얼마만큼'의 준말이 '얼마큼'입니다. '얼만큼'은 틀린 말이에요.

더 알아보기

- 당신은 이 일에 대해 **얼마큼** 알고 있나요?
- 시청까지는 **얼마큼** 남았나요?

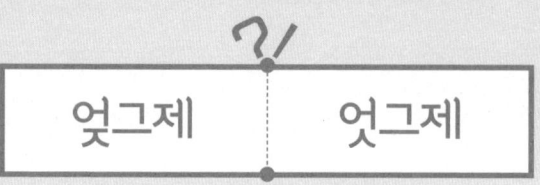

광고의 위력

보석상 사장이 신문사 광고부에 전화를 걸었다.

보석상 : 당신네 신문 광고는 정말 위력이 대단하더군요.
광고부장 : 아, 판매가 많이 늘었습니까?
보석상 : 아니요. 엊그제(○)/엇그제 경비를 구한다는 광고를 냈더니, 바로 그날 밤, 도둑이 들었지 뭡니까?

바로 쓰기

'바로 며칠 전에'라는 뜻으로 '엊그제' 또는 '엊그저께'를 씁니다. '엇그제'라고 쓰면 틀리지요. '어제그제'가 줄어서 된 말이라는 것을 생각해 보면 헷갈리지 않을 거예요.

더 알아보기

- 누군가 했더니 **엊그제** 만났던 사람이었어요.
- 저는 **엊그저께** 시골에 다녀왔습니다.

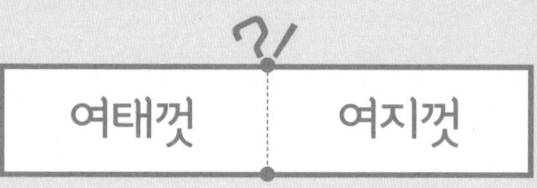

아들의 침대가 따뜻한 이유

아들이 성장하여 군대를 가게 되었다. 엄마는 추운 겨울, 외아들을 군대에 보내고 난 후, 너무나도 보고 싶은 마음에 일주일에 한 번씩 편지를 보냈다.

시간이 흘러 어느 날, 엄마는 여느 때와 마찬가지로 아들에게 편지를 썼다.

'보고 싶은 내 아들, 네가 얼마나 그리운지…. 너의 침대에는 여태껏(○)/여지껏 너의 온기가 그대로 남아 있는 듯 무척 따뜻하구나.'

그로부터 2주 후, 그렇게 기다리고 기다리던 아들의 편지가 왔다.

'보고 싶은 어머니, 죄송해요. 제 방 침대 시트 밑에 있는 전기장판을 깜빡 잊고 안 끄고 그냥 입대했네요. 꺼 주세요.'

바로 쓰기

'지금까지'를 뜻하는 말은 '여태'이고 '여태'를 강조하는 말이 '여태껏'이에요. '여지껏'은 잘못된 말이지요.

더 알아보기

▫ **여태껏** 잘못 써 왔단 말이네?

▫ **여태껏** 뭐하다가 이 밤중에야 숙제를 하니?

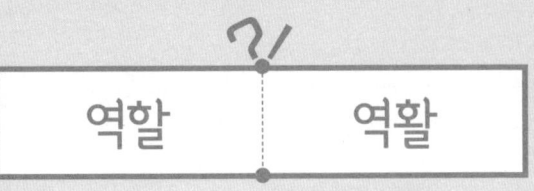

명탐정 홈스

명탐정 셜록 홈스가 친구이자 비서 역할(○)/역활을 하는 왓슨과 캠핑을 갔다. 텐트를 치고 한창 자고 있는데, 홈스가 왓슨을 깨웠다.

홈스 : 왓슨, 저 별을 보고 무슨 추리를 할 수 있는지 말해 보게.

왓슨 : 수백만 개의 별이 보이는군. 저 수백만 개의 별 중 몇 개라도 행성을 갖고 있다면, 지구와 같은 행성이 있을 가능성이 높은 것이고, 지구와 같은 행성이 다만 몇 개라도 있다면, 그건 다시 말해 저 외계에 생명체가 있을 수 있다는 뜻이지.

홈스 : 왓슨, 이 멍청아! 별이 보인다는 것은 누군가 우리 텐트를 훔쳐 갔다는 말이잖아!

바로 쓰기

자기가 마땅히 하여야 할 맡은 바 직책이나 임무를 '역할'이라고 하는데, '역활'이라고 잘못 쓰는 경우가 많지요. 마찬가지로 잘 틀리는 할인(○)/활인(×), 할부(○)/활부(×), 분할(○)/분활(×) 등도 헷갈리지 마세요.

더 알아보기

- 각자 맡은 바 **역할을** 다해 주시기 바랍니다.
- 이 제품은 할인 판매를 합니다.

| 연거푸 | 연거퍼 |

유치한 질문

전신 마취를 하고 수술을 받은 아내가 병실로 돌아왔다. 환자가 잠들지 않아야 주사를 놓을 수 있다고 하며, 간호사가 아내에게 말을 시켰다.

간호사 : 아줌마, 이름이 뭐예요?

아내 : …….

간호사 : 아줌마. 이름이 뭐냐니까요? 아줌마, 이름 알아요?

아내 : …….

간호사는 연거푸(○)/연거퍼 같은 질문을 던지다가 밖으로 나갔다.

다음 날 아내에게 이 일을 얘기했더니, 아내는 간호사가 했던 말을 모두 기억하고 있었다. 그러면서도 왜 대답을 안 했느냐고 물었더니 아내가 그 이유를 말했다.

"질문이 너무 유치하잖아."

바로 쓰기

'잇따라 여러 번 되풀이하여'라는 뜻의 말은 '연거푸'예요. 비슷한 말로 '거듭', '거푸', '계속', '자꾸' 등이 있어요. 발음하기가 편해서 그런지, '연거퍼'라고 표현하는 경우가 많은데, '연거퍼'는 틀린 말이랍니다. '곰비임비'라는 예쁜 우리말도 비슷한 뜻을 지니고 있어요. 자꾸 사용해 보세요.

더 알아보기

- 물을 **연거푸** 석 잔을 마시다.
- 문 서방은 방아깨비처럼 **연거푸** 허리를 꾸벅거렸다.
- 장관은 국회 의원의 말을 듣고 **거듭** 사과했습니다.
- 경사스러운 일이 **곰비임비** 일어나자 집 안에 웃음꽃이 활짝 피었어요.

| 예부터 | 옛부터 |

충청도 양반

예부터(○)/옛부터 충청도 양반은 말과 행동이 느리다고 알려져 있다. 과연 그럴까?

한 충청도 양반과 아들이 산에 갔는데, 아들이 앞서 올랐다.

버전 1.

아들 : (특유의 느린 말투로) 아버지, 돌 굴러가유~.

아버지 : 으악~!

하지만 충청도 양반은 말이 느려서 그렇지, 행동은 실은 몹시 빠르다. 그래서….

버전 2.

아들 : 아버지, 돌 굴러가유~.

아버지 : 피했다~.

뜻하지 않은 사고는 늘 일어나게 마련이다.

버전 3.

아들 : 아버지, 돌 굴러가유~.

아버지 : 피했다~.

아들 : 두 갠디~.

바로 쓰기

'부터'는 조사예요. 조사가 붙을 수 있는 말은 아주 먼 과거를 뜻하는 명사 '예'이지요. 그래서 '예부터', '예로부터', '예나 지금이나' 등으로 씁니다. 마찬가지로 '옛스럽다'는 틀린 말이고 '예스럽다'가 맞는 말이에요. '옛'은 관형사로서, '옛이야기', '옛적', '옛날'처럼 뒤에는 명사가 올 수 있습니다.

더 알아보기

- **예로부터** 우리 민족은 예의가 바른 민족으로 알려져 있어요.
- 할머니는 늘 **예스러운** 한복을 입고 다니신다.
- 철수는 무서운 **옛이야기**를 정말 좋아해요.
- **옛날부터** 전해 오는 쓸쓸한 이 말이 가슴속에 그립게도 끝없이 떠오른다.

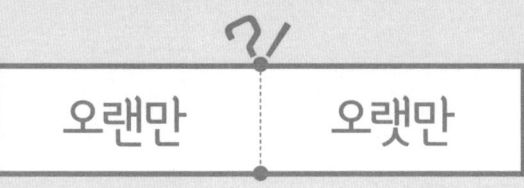

자기중심적인 사람

어느 날 저녁, 덩달이가 카페에 앉아 있었다. 막 나온 따뜻한 커피를 한 모금 하려는데, 누군가 뒤통수를 탁 때린다. 보니, 덩치가 산만 한 친구다.

덩치 : 야, 경수, 너 오랜만이다(○)/오랫만이다!

덩달이는 어안이 벙벙해져 덩치를 바라보았다.

덩달이 : 저…, 사람을 잘못 보신 것 같은데요.

덩치 : 응? 그러고 보니 너 좀 변한 거 같다. 살이 좀 쪘나?

덩달이 : 아닌데요.

덩치 : 그럼, 성형 수술이라도 한 거야?

덩달이 : 아니라니까요.

덩치 : 응? 너 경수 아니야?

덩달이 : 저는 덩달이라고 하는데요.

덩치 : 그래? 너 그새 이름도 바꿨어?

바로 쓰기

'오랜만'은 '오래간만'의 준말이에요. 어떤 일이 있은 때로부터 긴 시간이 지난 뒤를 뜻하는 말이지요. '오랫동안'이라는 말이 있기 때문에 '오랫만'이라고 알고 있는 사람이 많은데, '오랫만'은 틀린 말이에요. '오랜 동안'이라고 쓰는 사람도 가끔 있는데, '오랫동안'이라는 말이 이미 있기 때문에 '오랜 동안'은 안 쓰는 것이 좋겠어요.

더 알아보기

- **오랜만에** 친구들과 여행을 떠났어요.
- **오랜만에** 만난 그녀, 떡볶이를 너무 좋아해.
- 정말이지 **오래간만에** 비가 내렸습니다.
- 나는 **오랫동안** 망설이다가 드디어 삼순이에게 전화를 걸었어요.

| 왠지 | 웬지 |

4 × 4

어떤 사람이 지프차를 새로 샀다. 왠지(○)/웬지 모르게 뒷바퀴에 새겨진 4×4라는 숫자가 마음에 들어서이다. 차를 산 첫날밤 집 앞에 고이 모셔 두고 잠을 잤다.

그날 밤 술에 취한 취객이 그 자동차 옆에서 일을 보다가 눈앞에 아른거리는 숫자 4×4를 보고 말았다.

"어? 이걸 몰라?"라고 말하며 옆에 있던 돌로 차에 찍찍 그었다. '=16'이라고. 정답이었다.

다음 날 아침 차 주인이 그걸 보고 화가 잔뜩 났다. 하지만, 어쩌랴. 그냥 자동차 정비 공장에 가서 새로 칠을 했다.

그런데 그날 밤 그 취객은 역시나 똑같은 짓을 하고 말았다. 화가 잔뜩 난 주인은 어떻게 할까 고민고민하다가 아예 '=16'까지 새겨 버렸다. 지프차 뒤에 4×4=16이라고 새긴 것이다.

지프차 주인은 '이제 됐겠지.' 하고 안심하고 잠을 잤다.

다음 날 아침 차 주인은 일어나자마자 차부터 확인했다. 그런데 '4×4=16' 옆에 이렇게 적혀 있었다.

4×4=16 ←정답

바로 쓰기

'왜 그런지 모르게 또는 뚜렷한 이유도 없이'라는 뜻을 나타내는 말은 '왠지'예요. '왜인지'에서 줄어든 말이지요. '웬지'로 쓰는 것은 잘못입니다. '웬'은 '어찌 된'이라는 뜻의 낱말입니다. 발음이 비슷해서 헷갈린다고요? 간단해요. '왠지'의 '왠'만 빼고 모두 '웬'으로 쓰면 된답니다.

더 알아보기

- 그 이야기를 듣자 **왠지** 불길한 예감이 들었다.
- 오늘은 **왠지** 아무것도 하기가 싫구나.
- 이게 **웬** 떡이냐?
- 마트에 가면 **웬만**한 것은 다 있다.
- 네가 여기 **웬일**이니?

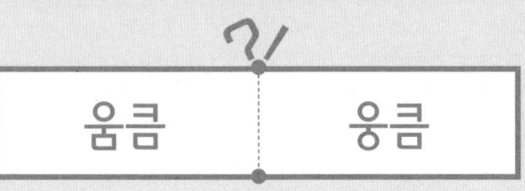

꾀 많은 아들

엄마가 어린 아들을 데리고 시장에 갔다. 사탕가게 주인이 어린 아들이 귀엽다면서, 사탕을 한 움큼(○)/웅큼 집어 가라고 했다. 그런데 어린 아들은 몸을 배배 꼬고만 있었다.

가게 주인 : 왜? 너 사탕 싫어하니?

어린 아들 : 아니요, 좋아해요.

가게 주인 : 그런데 왜 그러고 있어?

가게 주인이 사탕을 한 주먹 쥐어 어린 아들의 주머니에 넣어 주었다.

집에 오는 길에 엄마가 물었다.

엄마 : 너, 아까는 사탕을 준다고 해도 왜 가만히 있었니?

어린 아들 : 그 아저씨 손이 내 손보다 더 크잖아요.

바로 쓰기

손으로 한 줌 움켜쥘 만한 분량을 '움큼'이라고 해요. '옴큼'이나 '줌'하고 비슷한 말이지요. 발음하기가 편해서 그런지, '웅큼'이라고 쓰는 사람들이 많지요. 그러나 '웅큼'은 틀린 말이에요. '손으로 움켜쥐다'라는 말을 생각해 보면 헷갈리지 않을 거예요.

더 알아보기

- 아직도 타고 있는 모닥불 위에 눈을 한 **움큼**씩 덮었다.
- 빠진 머리카락이 한 **움큼**이나 되었다.
- 사탕을 한 **옴큼**만 집어라.
- 소녀는 소년에게 모래 한 **줌**을 뿌리고 도망갔어요.
- 다시 서는 저 들판에서 **움켜쥔** 뜨거운 흙이여.

| 웃어른 | 윗어른 |

교장 선생님과 여교사

어느 날 한 여교사가 늦게까지 일을 하다가 학교를 빠져 나가고 있었다. 그러다가 마찬가지로 늦게 퇴근하던 교장 선생님과 마주쳤다.

"이 선생, 같은 방향이면 함께 타고 가지?"

여교사가 옆자리에 앉자, 교장 선생님이 말을 건넸다.

"마징가?"

여교사는 무슨 말인지 몰라 답을 할 수가 없었다. 교장 선생님이 또 물었다.

"마징가?"

여교사는 이번에도 대답하지 않으면 웃어른(○)/윗어른에 대한 예의가 아닐 것 같아 조그만 목소리로 대답했다.

"제트?"

그러자 교장 선생님이 말했다.

"그럼, 막내가?"

바로 쓰기

위와 아래의 구분이 있을 때는 '윗-'을 쓰고, 위와 아래의 구분이 없을 때는 '웃-'을 써요. 예를 들어 '아래어른'이나 '아랫돈'이란 말은 없으니까 '웃어른'이나 '웃돈'이라고 써요. 그러나 '아랫마을'이나 '아랫니'라는 말은 있으니까 '윗마을'이나 '윗니'라고 쓰는 거예요. '웃-'을 쓸 때와 '윗-'을 쓸 때, 뜻이 달라지는 말도 있어요. '웃옷'은 '맨 겉에 입는 옷'이고, '윗옷'은 '위에 입는 옷'을 말한답니다. 구별해서 써야겠지요?

더 알아보기

- **웃어른**을 공경해야 합니다.
- **웃돈**이란 본래의 값에 덧붙이는 돈을 말해요. 구하기 힘든 물건은 가끔 **웃돈**을 주고 사야 할 때가 있지요.
- 재킷을 우리말로 고쳐 부르면 '**웃옷**'이라고 하지요.

서열

한 중학생이 새로 전학을 왔다. 으레(○)/으례 그러듯이 담임 선생님은 전학생더러 자기소개를 하라고 했다. 전학생이 교단에 서더니 하는 말이,

"나보다 싸움 잘한다고 생각하는 놈 다 손들어!"

반 애들은 황당해하면서도 그중에서 싸움 좀 한다는 녀석들 네 명이 손을 들었다. 그러자 그 전학생이 쭉 둘러보고는 하는 말,

"아싸! 그럼 내가 5등이다!"

바로 쓰기

'으레'는 '두말할 것 없이 당연히' 또는 '틀림없이 언제나'라는 뜻이에요. 비슷한말로 '당연히', '마땅히', '언제나' 등이 있어요. '으례'라고 알고 있는 사람들이 많지만, 단순하게 '으레'라고 쓰는 것이 올바른 표현이랍니다. 뜻을 강조하려고 그러나요? '으레껏', '으레히'라고 힘주어 말하는 사람들도 있는데, 모두 틀린 말이에요.

더 알아보기

- **으레** 그래 왔던 일이에요.
- 그녀는 선비는 **으레** 가난하려니 하고 살아왔다.
- 잘못을 했으면 **당연히** 벌을 받아야 하지요.
- 오빠와 언니가 싸우면 **언제나** 오빠가 이기는 쪽이었대요.

| 으스스하다 | 으시시하다 |

화장터에서 온 전화

매일 밤 12시, 숙영이네 집에 으스스한(○)/으시시한 전화가 걸려 왔다.

"여기는 화장터, 내 몸이 불타오르고 있다."

"여기는 화장터, 내 몸이 불타오르고 있다."

전화에서는 계속해서 이 말만 되풀이됐다.

그날도 어김없이 밤 12시가 되자 전화가 걸려 왔다.

따르릉거리는 전화를 앞에 두고 숙영이네 가족은 누가 전화를 받을지 서로 눈치만 살폈다. 때마침 시골에서 올라오신 할머니가 전화를 받으셨다.

"여기는 화장터, 내 몸이 불타오르고 있다."

역시 같은 말만 되풀이됐다.

할머니는 가만히 듣고 있다가 차갑게 한마디를 내뱉었다.

"그놈의 주둥이는 언제 타는 겨!"

바로 쓰기

차갑거나 싫은 것이 몸에 닿았을 때 크게 소름이 돋는 느낌이 있다는 뜻은 '으스스하다'예요. '으시시하다'는 발음하기는 편하지만 표준어가 아니랍니다. 차가운 느낌이 잇따라 들 때, '으실으실 춥다'고 표현하는데, '으슬으슬 춥다'가 맞는 말입니다. 우쭐거리며 뽐내는 것도 '으스댄다'고 하지, '으시댄다'는 틀린 말이고, '앙징맞은 아이'가 아니라 '앙증맞은 아이'랍니다.

더 알아보기

- 찬 새벽바람이 **으스스하게** 몸을 죄었다.
- 부모 믿고 **으스대다가는** 큰코다친다.
- 아이가 **앙증맞게** 웃는 모습에 엄마도 따라 미소를 지었다.
- 오랫동안 비를 맞았더니 몸이 **으슬으슬** 추워지는데.

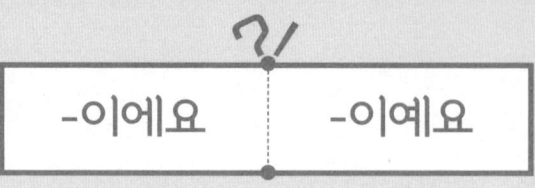

여보, 저예요!

어떤 부인이 은행에 가서 수표를 현금으로 바꿔 달라고 했다. 은행 직원이 부인에게 말했다.

은행 직원 : 수표 뒷면에 성함과 전화번호를 적어 주십시오.

부인 : 수표 발행자가 바로 제 남편이란 말이에요(O)/말이예요.

은행 직원 : 아, 그렇습니까? 그렇지만 수표 뒷면에 성함을 적어 주셔야 나중에 남편께서 이 수표를 누가 현금으로 바꿔 갔는지 아시게 됩니다.

부인 : 아하!

그제야 알아들었다는 듯 부인은 고개를 끄덕이며, 수표 뒷면에다 다음과 같이 적었다.

'여보, 저예요!'

바로 쓰기

'-예요'는 '-이에요'의 준말이에요. 그러니까 '-이예요'라는 말은 없는 말이에요. '책상이에요'처럼 앞말에 받침이 있을 때는 '-이에요'를 쓰고, '의자예요'처럼 앞말에 받침이 없을 때는 '-이에요'의 준말인 '-예요'를 써요. '의자이에요'라고 하면 발음하기가 불편하잖아요. 다만, 명사가 아닐 때는 '-에요'를 써요. 예를 들어, '아니다' 다음에는 '아니에요'가 된답니다.

더 알아보기

☐ 고래는 포유류**예요**.

☐ 덩달이는 참 머리가 좋은 학생**이에요**.

☐ 거미는 곤충이 **아니에요**.

| 잃어버리다 | 잊어버리다 |

늦은 이유

어느 날 진희는 유치원에 지각했다.

선생님 : 왜 늦었니?

진희 : 저, 길에서 만 원짜리 지폐를 잃어버린(○)/잊어버린 사람이 있어서요.

선생님 : 그럼, 진희 네가 그 사람이 돈 찾는 걸 도와준 게로구나.

진희 : 아니요! 그 돈을 꽉 밟고 있었어요.

바로 쓰기

'잃다'와 '잊다' 그리고 이들에서 나온 '잃어버리다'와 '잊어버리다'도 우리가 많이 혼동해서 쓰는 표현들이지요. '잃어버렸다'는 '분실했다'는 뜻이고, '잊어버렸다'는 '까먹었다'는 뜻이에요. 어떤 경우에 어떤 낱말을 써야 할지 헷갈릴 때는 비슷한 말로 바꾸어 써 보세요. 그럼, 정확히 사용할 수 있을 거예요.

더 알아보기

- 복잡한 백화점에서 지갑을 **잃어버렸어요**.
- 할머니는 졸업한 지 오래되어서 학교에서 배운 것을 다 **잊어버렸다**.
- 친구의 이야기를 듣자, **잊고** 있던 약속이 생각났어요.
- 깊은 산속에서 길을 **잃고** 말았어요.

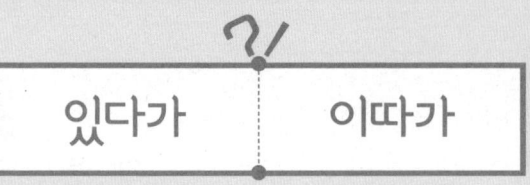

게으른 아들

어느 날 오후, 방에 늘어져 있던 아들이 목이 말라서, 거실에서 텔레비전을 보고 있던 아빠에게 큰 소리로 말했다.

아들 : 아빠, 저 물 좀 갖다 주세요!

아빠 : 냉장고에 있잖아. 네가 갖다 먹어!

아들 : 그러지 말고 물 좀 갖다 주세요!

아빠 : 네가 직접 갖다 마시라니까!

아들 : 목말라요. 물 좀 주시라니까요.

아빠 : 네가 갖다 먹어! 한 번만 더 아빠 부르면 혼날 줄 알아!

1분쯤 조용히 있다가(○)/이따가,

아들 : 아빠, 저 혼내러 오실 때, 물 좀 갖다 주세요!

바로 쓰기

'있다가'는 '있다'에 '-다가'가 붙은 모양으로 '그대로 유지하다가'라는 뜻이에요. '이따가'는 '이따'와 비슷한말로 '조금 지난 뒤에'라는 뜻으로 다른 말입니다. '학교에 갔다가', '요리를 하다가' 등등 '-다가'가 붙은 비슷한 표현을 생각해 보면 둘을 구별할 수 있을 거예요.

더 알아보기

- 집에 **있다가** 심심해서 놀이터로 놀러 나갔어요.
- 도서관에 **있다가** 깜빡 잠이 들었어요.
- **이따가** 아빠가 짜장면을 사 주겠다고 했어요.
- **이따가** 수업이 끝나면 잠깐 이야기 좀 할까?
- **이따** 봐서 내가 그리로 갈게.

| 일부러 | 일부로 |

아는 척도 하지 마!

시험만 봤다 하면 빵점을 맞는 영만이에게 화가 난 아빠가 말했다.

"너, 나 화나게 하려고 일부러(○)/일부로 이러는 거니? 한 번만 더 빵점 받아 오면 아는 척도 하지 마!"

며칠 후 아빠가 퇴근하자, 영만이는 아빠를 빤히 쳐다보고 말했다.

"아저씨는 누구세요?"

바로 쓰기

'어떤 목적이나 생각을 가지고' 또는 '알면서도 마음을 숨기고'라는 뜻의 말은 '일부러'입니다. '부러'나 '짐짓'도 비슷한말이지요. '함부로'나 '절대로'처럼 '-로'나 '-으로'로 끝나는 표현이 많아서인지, '일부로'라고 알고 있는 사람이 많은데, 틀린 말입니다.

더 알아보기

- **일부러** 찾아가다.
- 형사는 알면서도 **일부러** 눈감아 주었어요.
- **부러** 져 주었어요.
- 빙구는 이미 알고 있었지만, **짐짓** 모른 체했어요.

| 자그맣다 ?! 작으맣다 |

잘 안 들려요

한 스님이 길을 가다 그만 맨홀에 빠지고 말았다. 위를 올려다보니 까마득했다. 스님은 큰 소리로 외쳤다.

스님 : 사람 살려! 여기 사람이 빠졌어요!

그러나 아무도 대답하는 사람이 없었다.

스님 : 사람이 빠졌다고요! 여보세요, 사람 좀 살려 주세요!

그렇게 한참을 외치다가 이제 틀렸구나고 포기하려는 순간, 위에서 자그맣게(○)/작으맣게 사람 소리가 들렸다.

행인 : 거기 누구 있어요?

스님 : (몹시 반가워하며) 예, 여기 사람이 빠졌어요!

행인 : 뭐라고요?

스님 : 여기 사람이 빠졌다니까요! 사람 좀 살려 주세요!

행인 : 뭐라고요?

스님 : 사람이 빠졌다고요!

행인 : 뭐라고요? 잘 안 들려요!

스님 : 그냥 가, 짜샤!

바로 쓰기

'자그맣다'는 '자그마하다'의 준말로, 조금 작다, 대단하지 않다는 뜻이에요. 비슷한말로 '조그맣다'가 있어요. '작다'라는 말이 있기 때문에 '작으맣다'로 알고 있는 사람이 있는데, '자그맣다'라고 써야 해요. '예상보다 훨씬 많게'라는 뜻으로 쓰이는 말도 '작으마치'가 아니라 '자그마치'라고 쓴답니다.

더 알아보기

- 덩달이는 키가 **자그맣다**.
- 영순이는 **자그마한** 일에도 신경을 쓴다.
- 선희는 오빠의 귀에 대고 **조그맣게** 속삭였어요.
- 글씨가 너무 **조그매서** 읽기가 힘듭니다.
- 그 사냥꾼은 호랑이를 **자그마치** 세 마리나 잡았답니다.

| 작다 | 적다 |

눈이 작은 아이

눈이 작아(○)/적어 고민인 아이가 학교에서 놀림을 받고 울면서 집에 왔다.

엄마 : 딸아, 왜 우니?

아이 : 엄마, 애들이 내 눈이 작다고(○)/적다고 놀려. 내 눈이 정말 그렇게 작아(○)/적어?

엄마 : 아냐. 누가 네 눈이 작다고(○)/적다고 그래? 네 눈은 절대 작지(○)/적지 않아."

아이 : 정말이지? 엄마!

고마워서 눈에 눈물이 글썽이는 아이를 보고 엄마 왈,

엄마 : 얘야, 너 자니? 자려면 들어가서 자라.

바로 쓰기

길이, 넓이, 부피, 크기를 이야기할 때는 '작다'를 쓰고, 수량, 분량, 정도를 이야기할 때는 '적다'를 씁니다. 헷갈린다고 생각되면 반대 말을 넣어서 써 보세요. '작다' 대신 '크다', '적다' 대신 '많다'를 넣어 보는 거예요. 그렇게 해서도 말이 되면 맞는 말이지요.

더 알아보기

- 생각보다 키가 **작아서/커서** 조금 놀랐다.
- 산을 넘어가니 **작고** 조용한 마을이 있었어요.
- 6학년이 되니 신발이 **작아졌어요**.
- 생각보다 용돈이 **적어서** 실망했어요.
- 아침에 밥을 **적게** 먹어서 금세 배가 고팠다.
- 극장에는 사람이 **적어서** 썰렁하기까지 했어요.

| 잠그다 | 잠구다 |

집에 개가 있나요?

　신혼 주부 노사연은 남편이 집에 없을 때면 자기가 집에 혼자 있다는 것을 알리지 않기 위해 온갖 수단을 다 동원했다.

　어느 날 남편이 회사에서 야근을 하게 되었다. 노사연은 문이란 문은 온통 걸어 잠그고(○)/잠구고 거실에 앉아 있었다. 그런데 밖에서 문 두드리는 소리가 들렸다.

　노사연은 못 들은 척하고 가만있었다. 하지만 계속해서 문 두드리는 소리가 나자, 겁에 질린 노사연은 개 짖는 소리를 내기 시작했다. 처음에는 조그맣게 소리를 내다가 차츰 소리를 높였다. 그랬더니 다행히 문 두드리는 소리가 멎었다.

　다음 날 아침, 신문 대금을 받으러 온 배달 소년이 남편에게 말했다.

"어젯밤에도 왔었는데, 부인께서 저를 보고 짖는 바람에 그냥 돌아갔어요."

바로 쓰기

'잠그다'는 '여닫는 물건을 열지 못하도록 자물쇠를 채우거나 빗장을 걸다' 또는 '물, 가스 따위가 흘러나오지 않도록 차단하다'는 뜻이에요. '잠가', '잠그니', '잠가서', '잠기다' 등으로 쓰지요. 이것을 '잠궈', '잠구다', '잠궈서', '잠귀다'라고 쓰면 틀린답니다. 앞에 나온 '담그다'와 비슷한 경우이지요.

더 알아보기

▫ 덩달이는 자물쇠로 책상 서랍을 **잠갔다.**

▫ 사립문이라도 **잠가** 놓으니 아까 열어 놓은 때보담 한결 든든하였다.

▫ 가스를 쓰지 않을 때에는 꼭 **잠겨** 있는지 확인하세요.

▫ 외출할 때에는 창문을 반드시 **잠가라.**

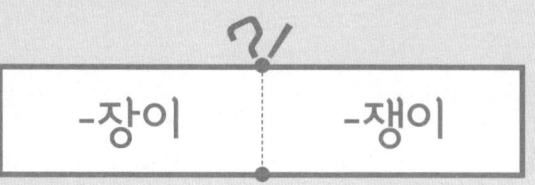

속 썩이는 엄마

개구장이/개구쟁이(○) 아들을 둔 엄마, 아들의 심한 장난에 매일 골치를 앓는다.

"제발 엄마 속 좀 그만 썩여! 너 때문에 엄마가 늙는다, 늙어!"

그러자 아들, 깔깔 웃으며,

"엄마는 할머니 속을 얼마나 썩였길래 저렇게 늙으셨어요?"

바로 쓰기

'-장이'는 '그것과 관련된 기술을 가진 사람', 즉 장인이나 기술자를 뜻하는 말로, 간판장이/땜장이/양복장이/옹기장이/칠장이 등처럼 쓰입니다. '-쟁이'는 '그것이 나타내는 속성을 많이 가진 사람'의 뜻을 더하는 말로, 겁쟁이/고집쟁이/떼쟁이/멋쟁이/무식쟁이 등처럼 쓰이지요. 장인이나 기술자가 아니면 모두 '-쟁이'가 붙는다고 알고 있으면 되겠지요?

더 알아보기

- **구두장이** 할아버지는 요정들에게 옷과 구두를 지어 주었어요.
- 양복을 잘 만드는 장인은 **양복장이**라고 하고, 만날 양복만 입고 다니는 사람은 **양복쟁이**라고 하지요.
- 우리 동생은 **고집쟁이**입니다.

| 저리다 | 절이다 |

오른쪽 다리도 동갑이야

왼쪽 다리에 신경통을 앓는 할머니가 있었다. 장마철이 되자, 할머니는 다리가 저리고(○)/절이고 아파 참지를 못하고 병원에 갔다.

할머니 : 의사 양반, 왼쪽 다리가 쑤셔 죽겠소. 무슨 큰 병이라도 난 거 아니우?

의사 : 할머니, 너무 걱정 안 하셔도 돼요. 나이가 들면 다 그렇게 아픈 거예요.

할머니 : 이 양반아, 아프지 않은 오른쪽 다리도 나이는 동갑이여!

바로 쓰기

몸의 일부가 둔해지거나 쑤시듯이 아픈 것을 '저리다'라고 하고, 채소나 생선에 소금이나 식초, 설탕 따위가 배어들게 하는 것을 '절이다'라고 하지요. 그래서 배추나 상추를 절여서 곧바로 무쳐 먹는 반찬은 '겉저리'가 아니라 '겉절이'라고 해요.

더 알아보기

- 그는 다리가 **저려서** 더 이상 쭈그리고 앉아 있을 수가 없었어요.
- 뼈가 **저린** 것을 보니 내일 비가 오겠다.
- 요즘에는 **절인** 배추를 사다가 김장을 하기도 해요.
- 축구를 했더니 온몸이 땀에 **절었어요**.

| 제치다 | 젖히다 |

온몸이 아픈 진짜 이유

어떤 남자가 몸이 아파서 만사를 제쳐(○)/젖혀 두고 병원을 찾았다.

"손가락으로 뺨을 눌러도 아프고 머리를 눌러도 아프고 배를 눌러도 아프고 심지어는 발등을 눌러도 아픕니다."

의사가 이리저리 진단을 해 보더니 말했다.

"손가락이 부러졌군요."

바로 쓰기

'제치다'는 사람이나 물건을 옆으로 치우거나 일을 미룰 때, 누군가를 뺄 때, 경쟁 상대보다 앞설 때 쓰는 말이에요. 가끔 '제끼다'는 표현을 쓰기도 하는데 잘못된 말이에요. '젖히다'는 뒤로 기울게 하거나 안쪽이 겉으로 나오게 한다는 뜻이지요.

더 알아보기

- 기성용 선수가 골기퍼를 **제치고** 골을 넣었다.
- 아버지는 자기 집 일은 **제쳐** 두고 늘 남의 집 일에 발 벗고 나섰어요.
- 어떻게 나를 **제쳐** 두고 너희들끼리 놀러 갈 수 있니?
- 대한민국 축구팀이 일본을 가볍게 **제치고** 결승전에 올라갔습니다.
- 홈스는 방에 들어서자마자 커튼을 걷어 **젖혔다**.

| 졸이다 | 조리다 |

도련님, 창피해요

어느 깊은 산속, 이 도령과 춘향이가 남의 눈을 피해 가슴을 졸이며(○)/조리며 데이트를 하고 있었다.

이 도령 : 춘향아, 이리 오너라.

춘향 : 도련님, 창피해요.

이 도령 : 허허, 부끄럼쟁이. 이리 오라니까.

춘향 : 아이, 도련님, 창피해요.

이 도령 : 어허, 자꾸 왜 이러느냐?

좀 있다가 갑자기 "휘익!" 소리가 나더니 이 도령은 날아오는 창에 맞고 말았다.

춘향 : 흑흑흑, 창 피하라고 그렇게 말했는데…….

바로 쓰기

'졸이다'는 속을 태우다시피 초조해한다는 뜻이에요. 겁을 먹지 말라는 뜻으로 '쫄지 말라'고 속된 표현을 하지요. 이것을 생각하면 '졸다'와 '졸이다'의 뜻을 짐작할 수 있을 거예요. '조리다'는 고기나 생선, 채소 따위를 국물에 넣고 바짝 끓여서 양념이 배어들게 한다는 뜻이에요. '고등어조림'이나 '통조림' 같은 말도 여기에서 나온 것이라고 알아 두세요.

더 알아보기

- 우리 팀의 경기를 마음을 **졸이며** 지켜보았다.
- 생선을 **조리다**.
- 멸치와 고추를 간장에 **조렸다**.
- 춘향은 이 도령을 만나지 못할까 봐 가슴을 **졸였답니다**.

| 짓궂은 | 짖궂은 |

그러니까 내 자리야!

지하철 경로석에 앉아 있던 아가씨, 할아버지가 다가오는 것을 보고 눈을 감고 자는 체했다. 짓궂은(○)/짖궂은 할아버지, 아가씨의 어깨를 흔들면서 말했다.

할아버지 : 여기는 경로석이란 거 몰라?
아가씨 : (신경질을 내며) 저도 돈 내고 탔는데, 왜 이러세요?
할아버지 : 여기는 돈 안 내고 타는 사람이 앉는 자리야.

바로 쓰기

'짓궂다'는 장난스럽게 남을 괴롭고 귀찮게 하여 달갑지 아니하다는 뜻이에요. '짖궂다', '짖굳다' 모두 잘못 쓴 것이에요.

더 알아보기

▫ 어른들의 **짓궂은** 장난에 아이는 울음을 터뜨리고 말았어요.

▫ 여학생은 남학생의 **짓궂은** 질문에도 눈 하나 깜짝하지 않았어요.

| 짖다 | 짓다 |

맛있는 복수

빙구가 달게 자고 있는데, 전화벨 소리가 울렸다. 깨서 보니 새벽 4시였다. 빙구는 투덜거리며 전화를 받았다. 어떤 남자였다.

빙구 : (졸리는 목소리로) 여보세요?

남자 : 여보시오. 당신 집 개 짖는(○)/짓는 소리 때문에 잠을 못 자겠소!

빙구 : 예, 죄송합니다.

다음 날, 새벽 4시. 빙구가 남자에게 전화를 걸었다.

남자 : (졸린 목소리로) 여보세요? 누구요, 이 새벽에?

빙구 : 저희 집에는 개가 없는데요.

남자 : ?

바로 쓰기

'짖다'는 개가 목청으로 소리를 내거나 새들이 시끄럽게 지저귄다는 뜻이에요. 사람들도 엉뚱한 소리를 마구 떠들고 다니면 '짖고 다닌다'는 말을 들을 수 있어요. '짓다'는 밥이나 옷, 집을 만드는 것, 때로는 글을 쓰는 것을 뜻하는 말이지요. 소리가 같아서 헷갈려하는 사람들이 있어요. 그러나 '글짓기'를 잘하는 사람들이 '글짖기'라고 쓰는 일은 없겠지요?

더 알아보기

- 누가 찾아왔는지 밖에서 요란하게 개 **짖는** 소리가 들렸어요.
- 아침부터 까치가 깍깍 시끄럽게 **짖어** 댔어요.
- 누에가 고치를 **짓고** 있다.
- 농사를 **짓고** 먹고살기가 갈수록 힘이 든다고 합니다.

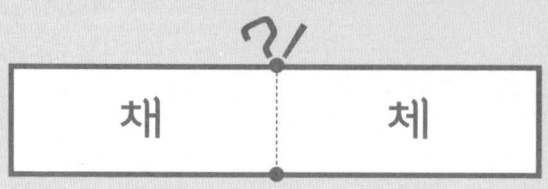

3일 동안 굶은 호랑이

3일 동안 굶은 호랑이가 있었다. 먹이를 찾아다니다 드디어 어설프게 쭈그리고 앉아 있는 토끼를 보고 한발에 낚아챘다.

그러자, 토끼가 하는 말,

"이거 놔, 인마!"

순간 어안이 벙벙해진 호랑이는 얼결에 토끼를 놔주고 말았다.

다음 날, 충격에서 깨어나지 못한 채(○)/체 방황하던 호랑이, 또 토끼를 발견하고 역시 한발로 낚아챘다. 그러자 토끼 왈,

"나야, 인마!"

또다시 충격에 휩싸인 호랑이는 그 토끼를 얼른 놔주었다. 그리고 다짐을 했다. 다시는 그런 실수를 하지 않겠다고.

다음 날, 호랑이는 또 토끼를 잡았다. 이번엔 분명히 다른 토끼였다. 그런데 호랑이는 그 토끼가 한 말에 쇼크를 받고 그만 죽어 버렸다.

"소문 다 났어, 인마!"

바로 쓰기

'체'는 그럴듯하게 꾸미는 거짓 태도나 모양을 뜻하는 말로 '척'이라고 바꾸어 쓸 수도 있어요. 뒤에 '-하다'를 붙여서 '체하다', '척하다'도 많이 쓰는 말이에요. '채'는 이미 있는 상태 그대로 있다는 뜻을 나타내는 말이지요. '그대로 전부'를 뜻하는 '-째' 대신 '-채'를 쓰는 일이 있는데, 그것은 잘못이에요. '통째'라고 써야지 '통채'라고 쓰면 틀린답니다.

더 알아보기

- 내가 크게 소리쳐 불렀지만, 그 사람은 못 들은 **체** 고개를 돌렸어요.
- 호랑이는 밑도 끝도 없이 잘난 **체**했어요/**척**했어요.
- 옷을 모두 입은 **채** 잠이 들었다.
- 고개를 숙인 **채**로 말했어요.
- 임꺽정은 소나무를 뿌리**째** 뽑았어요.

천생	천상

어머! 넌 뭐니?

오늘도 거울 앞에 앉아 있는 그녀.

그녀 : 어쩜 이리 예쁠까? 내가 봐도 반하겠어.

이런 그녀 천생(○)/천상 공주병 환자다. 그런데 그녀 앞에 갑자기 웬 똥파리가 날아가는 것이었다. 그녀가 물었다.

그녀 : 어머! 넌 뭐니?

똥파리 왈,

"난 팅커벨이라고 해."

바로 쓰기

'타고난 것처럼 아주'라는 뜻으로 쓰이는 말은 '천생'이에요. 이런 뜻으로 '천상'을 쓰는 것은 잘못이지요.

더 알아보기

- **천생** 여자처럼 생겼다.
- 학생의 이름과 특징을 하나하나 다 기억하고 있는 걸 보면 그는 **천생** 선생님이다.

| 철석같이 | 철썩같이 |

아버지가 너만 할 때

빙구는 날마다 학교를 빼먹고 놀러만 다닌다. 안 그러겠다고 철석같이(○)/철썩같이 약속해도 소용이 없다. 아버지가 보다 못해 빙구를 불러서 야단을 쳤다.

아버지 : 링컨이 너만 할 때 뭘 했는지 아니? 늘 책을 읽고 공부를 했어.

그러자, 빙구도 한 마디 했다.

빙구 : 링컨이 아버지만 할 때 뭘 했는지 아세요?
아버지 : 뭘 했는데?
빙구 : 대통령을 했지요.

바로 쓰기

마음이나 의지, 약속 따위가 매우 굳고 단단할 때, '철석같이'라는 말을 써요. '철석'이란 쇠와 돌을 뜻하는데, 그만큼 굳고 단단하다는 뜻이지요.

더 알아보기

- 아이는 거짓말을 다시는 안 하겠다고 엄마와 **철석같이** 약속을 하였다.
- **철석같이** 믿었는데 이럴 수가!

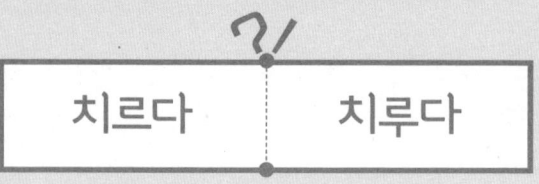

선장의 비밀

맹구 선장은 나이가 많았지만, 매우 유능한 선장이었다. 모든 선원이 맹구 선장을 몹시 좋아했다. 문제가 생기면 언제든 맹구 선장을 찾아가 상의했고, 그러면 맹구 선장은 모든 문제를 깔끔하게 해결해 주었다.

그런데 맹구 선장은 아침마다 금고에서 종이쪽지를 꺼내서 읽어 본 다음, 다시 금고에 집어넣고는 했다. 선원들은 그 종이쪽지에 뭐라고 적혀 있는지 궁금해서 죽을 지경이었지만, 아무도 금고에 접근할 수가 없었다.

어느 날, 맹구 선장이 죽음을 맞았다. 선원들은 맹구 선장의 장례를 치르고(○)/치루고 나서야 금고를 열어 볼 수 있었다. 드디어 문제의 그 종이쪽지를 펴 보니, 거기에는 이렇게 적혀 있었다.

"우현(右舷)은 오른쪽이다. 좌현(左舷)은 왼쪽이다."

바로 쓰기

주어야 할 돈을 내주거나, 무슨 일을 겪어 낼 때 사용하는 말은 '치르다'예요. '치러', '치르니' '치러서' 등으로 사용하지요. '치르다'를 '치루다'라고 잘못 쓰는 사람이 많아요. 그러므로 '치뤘다', '치루니' 등도 모두 잘못된 말이지요.

더 알아보기

- 점원에게 옷값을 **치르고** 가게를 나왔다.
- 시험을 **치르다**.
- 그렇게 큰일을 **치렀으니** 몸살이 날 만도 하지.
- 마을 사람들이 모두 모여 촌장의 장례식을 **치렀어요**.
- 내일까지 아파트 잔금을 **치러야** 해요.

| 통틀어 | 통털어 |

대한민국 만세!

세계 일주를 하던 대형 크루즈 선에 불이 났다. 가까스로 구명보트에 올라탄 사람은 승무원과 승객 통틀어(○)/통털어 23명이었는데, 구명보트의 정원은 20명에 불과했다. 3명이 바다로 뛰어내려야 다른 사람이 살 수 있는 상황이었다. 영국인 한 사람이 벌떡 일어섰다.

"대영 제국 만세!"

그러고는 바다로 몸을 던졌다. 이에 질 수 없다고 생각한 프랑스 인이 나섰다.

"프랑스 만세!"

프랑스 인이 뛰어들자, 이번에는 한국인이 일어섰다.

"대한민국 만세!"

한국인은 그렇게 외치고는 앞에 있던 일본인을 발로 뻥 바닷속으로 차 넣었다.

바로 쓰기

'있는 대로 모두 합하여'라는 말은 '통틀어'입니다. 비슷한말로 '몽땅', '모두'라는 말이 있지요. '모두 털어'라는 뜻이라고 생각하여 '통털어'라고 알고 있는 사람이 많은데, 이것은 틀린 말이에요. 있는 대로 모두 한데 묶는다는 뜻의 '통틀다'라는 낱말이 따로 있답니다.

더 알아보기

- 내가 가진 돈은 **통틀어** 5만 원뿐이다.
- 가게의 손님은 **통틀어** 김 씨와 나 둘뿐이었다.
- 서울과 인천 출신을 **통틀고** 나서도 아직 20명이 부족합니다.
- 경찰과 시민이 힘을 합해 강도들을 **몽땅** 잡았어요.
- 사업을 한다고 가진 돈을 **모두** 날려 버렸답니다.

| 한참 ?/ | 한창 |

할머니도 참!

할머니 한 분이 독립 기념관에 구경을 갔다. 한참(○)/한창을 돌아다니느라 피곤해진 할머니, 의자에 앉아 쉬려는데, 경비원이 뛰어왔다.

경비원 : 할머니, 여기 앉으시면 안 돼요. 김구 선생님이 앉던 의자랍니다.

그래도 할머니, 들은 체도 않고 태연히 앉아 있다.

경비원 : 아 참, 할머니! 일어나시라니까요!

그러자, 할머니 화를 버럭 내며,

할머니 : 아, 이 양반아, 주인이 오면 비켜 주면 될 거 아이가!

바로 쓰기

'한참'은 시간을 나타내는 말로 '한동안'이랑 비슷한 말이에요. '한창'은 어떤 일이 가장 활기 있고 왕성하게 일어나는 때를 가리키는 말이지요. '한참'을 써야 할지, '한창'을 써야 할지 헷갈릴 때는, '한동안' 또는 '한참 동안'이란 말로 바꾸어 써 보세요. 그래서 말이 되면 '한참'을 쓰면 되지요. 물론 '한창 동안'이라는 말은 없어요.

더 알아보기

- 그 사람은 문이 열리기를 **한참**이나 기다렸어요.
- **한참**을 걸어가니 과자로 만든 집이 나타났어요.
- 요즘 앞산에는 진달래가 **한창**이다.
- 벼가 **한창** 무성하게 자란다.

| 핼쑥하다 | 핼쓱하다 |

그게 아니라요

뚱뚱하다고 놀림을 받던 옥주가 '포도 다이어트'를 시작했다. 일주일째, 포도만 먹던 옥주가 그만 의식을 잃고 쓰러지고 말았다. 놀란 가족들은 핼쑥해진(○)/핼쓱해진 옥주를 즉시 병원으로 데리고 갔다. 의사가 옥주를 진찰해 보더니, 고개를 저었다.

가족들 : (놀란 표정으로) 의사 선생님, 영양실조인가요? 얘가 일주일 동안 포도밖에 안 먹어서.

의사 : 농약 중독입니다.

바로 쓰기

'핼쑥하다'는 얼굴에 핏기가 없고 파리하다는 뜻이에요. 비슷한말로 '야위다', '파리하다', '마르다', '해쓱하다' 등이 있지요. '해쓱하다'라는 말 때문인지 '핼쓱하다'라고 알고 있는 사람이 많아요. 하지만 틀린 말이에요. '헬쑥하다', '헬쓱하다' 모두 표준어는 아니랍니다.

더 알아보기

- 병원에 갔더니 경희가 얼음주머니를 이마에 얹고 **핼쑥한** 얼굴로 누워 있었어요.
- 감기를 앓고 났더니 얼굴이 **핼쑥**해졌다.
- 귀신이라도 본 것처럼 얼굴이 **해쓱**했어요.
- 노국 공주는 왕의 말을 듣고 얼굴이 **해쓱해졌어요**.
- **파리하게** 시든 청년이 날마다 가게에 찾아왔습니다.

| 희한한 | 희안한 |

희한한(○)/희안한 맛

다른 개구리는 모두 파리를 잡아먹는데, 오직 벌만 잡아먹는 개구리가 있었다. 이상하게 생각한 친구 개구리가 물었다.

"너는 맛있는 파리를 놔두고, 왜 남들이 쳐다도 안 보는 벌을 잡아먹니?"

그러자 그 개구리 왈,

"니들이 톡 쏘는 그 맛을 알어?"

바로 쓰기

매우 드물거나 신기하다는 뜻의 말은 '희한하다'예요. 발음하기가 힘들어서인지, '희안하다'로 알고 있는 사람들이 많아요.

더 알아보기

- 그것은 생전 처음 보는 **희한한** 물건이었어요.
- 살다 보면 별 **희한한** 일이 다 생기지요.

초등필수어휘
우리말 관용어

감동 일화와
우리말 관용어의
만남

**관용어의 뜻을 알고 있으면
자기의 생각을 더 맛깔나게 표현할 수 있습니다.**

이 책에는 유명 인사들의 재미있고 감동적인 이야기 81편이 실려 있습니다. 이야기를 읽어 나가다 보면 관용어 공부도 덩달아 할 수 있게 꾸며져 있습니다. 이 책으로 관용어 공부뿐만 아니라, 상식 공부와 마음 공부까지 함께 할 수 있다면 좋겠습니다.

천천히읽는책_08

틀리기 쉬운 우리말 바로 쓰기

정재윤 지음

펴낸날 2015년 12월 10일 초판1쇄 | 2018년 3월 2일 개정판1쇄
펴낸이 김남호 | **펴낸곳** 현북스
출판등록일 2010년 11월 11일 | 제313-2010-333호
주소 04071 서울시 마포구 성지길 27, 4층
전화 02)3141-7277 | **팩스** 02)3141-7278
홈페이지 www.hyunbooks.co.kr | **카페** cafe.naver.com/hyunbooks
ISBN 979-11-5741-119-1　73710

편집 한희덕 | **디자인** 김영미, 정진선 | **마케팅** 송유근

글 ⓒ 정재윤, 2015
이 책은 저작권법에 의하여 보호를 받는 저작물이므로 무단 전재 및 복제를 금지하며,
이 책 내용의 전부 또는 일부를 이용하려면 반드시 저작권자와 현북스의 허락을 받아야 합니다.

천천히읽는책은 문장과 문장 사이에서 상상하고 생각하며 읽는 현북스의 책입니다.

 종이에 베이거나 긁히지 않도록 조심하세요. 책 모서리가 날카로우니 던지거나 떨어뜨리지 마세요.